www.ingramcontent.com/pod-product-compliance
Lightning Source LLC
LaVergne TN
LVHW010817051026
849532LV00007B/2556
9789369088232

اردو صحافت: ہند کا ایک منظر نامہ

(تعمیر نیوز ویب پورٹل کے منتخب مضامین)

صحافت سیریز: 1

مرتب:

مکرم نیاز

Urdu Sahafat : Hind ka aik manzarnama

by: Mukarram Niyaz

Edition: September '2025

Publisher :

Taemeer Publications LLC (Michigan, USA / Hyderabad, India)

ISBN 978-93-6908-823-2

کتاب	:	**اردو صحافت : ہند کا ایک منظر نامہ**
مرتب	:	**مکرم نیاز**
صنف	:	غیر افسانوی نثر
ناشر	:	تعمیر پبلی کیشنز (حیدرآباد، انڈیا)
سالِ اشاعت	:	۲۰۲۵ء
صفحات	:	۱۲۲
سرورق ڈیزائن	:	تعمیر ویب ڈیزائن

فہرست

پیش لفظ

ہند میں اردو صحافت کا سفر

مکرم نیاز

مطالعہ کی تاریخ پر جب طائرانہ نظر ڈالی جائے تو معلوم ہوگا کہ اس کا سفر تین عظیم، تاریخی و ادب ساز ادوار سے عبارت ہے، جنہوں نے انسانی دل و دماغ کو مسحور کیا اور علم و حکمت کو فروغ دیا۔ سب سے پہلا دور وہ تھا، جب کاغذی صفحات، رسائل اور اخبارات علم و عرفان کے چراغ تھے، جو مدھم روشنی میں انسان کے رب کا راز افشا کرتے تھے۔ یہ زمانہ اپنی سادگی، اپنی اخلاقیات اور خلوص کی یادگار سمجھا گیا، مگر رفتہ رفتہ زمانہ تبدیل ہونے لگا۔

پھر وہ عہدِ طلوع ہوا، جب انٹرنیٹ کا جادو ہر زبان کے قاری پر سایہ فگن ہوا۔ اپنی برق رفتاری اور بے مثال وسعت کے ساتھ، علم و آگاہی کا یہ سمندر گویا ہر قاری کی انگلیوں کی زینت بن گیا۔ ایک کلک سے ایک نئی دنیا، ایک جھلک سے دوسری حقیقت، اور ایک لمحے کا کچھ حصہ، قارئین کو بے پناہ وسیع اور دلکش دنیاؤں کا مسافر بنا گیا۔ دراصل یہ ایسا انقلابِ عظیم تھا، جو علم و شعور سے لبریز اسبابِ زندگی بن گیا۔

تیسری اور سب سے زیادہ حیرت انگیز تبدیلی سوشل میڈیا کی شکل میں نمودار ہوئی۔ ایک ایسی دنیا، جہاں فاصلے مٹ گئے، اور خیالات و احساسات کی سرائیں، عقل و شعور کے میدان آباد کرنے لگیں۔ ہر فرد، ادارہ، قوم، ایک دوسرے کے قریب، اور ایک دوسرے کے ہم نوا ہو گئے۔ یہ میدان عمل، تعلیم، اصلاح اور سماجی بیداری کے قافلے کا ایسا رہنما باور کیا گیا جو تاریکی کے خلاف علمِ نور بلند کرتا ہے۔

اسی فضا میں، ۲۰۱۲ء کے اواخر میں 'تعمیر نیوز' کے افق کو روشن کیا گیا، تا کہ اردو ادب و صحافت کے اس بحرِ بے کنار کو ایک جہانِ تنقید و تصور میں تبدیل کیا جا سکے۔ تیرہ سال کے اس سفر نے یہ باور کرایا ہے کہ اردو زبان کا یگانہ لہجہ، اس کے بلند خیال اور اس کے پیغام، امتزاجِ علم و فن میں ہی زندہ رہ سکتے ہیں۔

اس کتاب میں 'تعمیر نیوز' سے اخذ کردہ ایسے مضامین کو شامل کرنے کی ممکنہ کوشش کی گئی ہے جو اردو ادب و صحافت کے منفرد و متنوع موضوعات کا احاطہ کرتے ہوئے قاری کی مناسب علمی و سماجی رہنمائی کا فرض بھی انجام دے سکیں۔ یہ کتاب **"ہند کی اردو صحافت"** کے سلسلے کا ایک حصہ ہے۔

۲۵/ ستمبر ۲۰۲۵ء

حیدرآباد (تلنگانہ، انڈیا)

۱

کملیشور: ہندی صحافت اور کہانی کا ٹھوس ستون

رشید انجم

واقعہ ماضی بعید کا نہیں، ماضی قریب کا ہے۔ یعنی گذری بیسویں صدی۔ وہ صدی جب ممبئی کنکریٹ کا جنگل نہیں بنا تھا۔ سڑکیں آدمی کی بھیڑ سے محفوظ بے حد پر سکون ہوا کرتی تھیں۔ فلموں میں چند گنے چنے چہرے، زندگی کے سماجی مسائل، پیار محبت اور رقص و نغمے سے سنیما کے روپہلے پردے پر ایک نہایت متوازن تفریح طبع تماش بین کو لذتِ خوش طراز احساس کی طمانیت دیتے تھے اور تماش بین کچھ پا کر ہی سنیما ہال سے باہر آتا تھا۔ ممبئی سیاست کے خون آلود ہاتھ کی گرفت میں نہیں آئی تھی اور ہر چہرہ خوشنما اور خوش رنگ تھا۔ سیاست کی مسندوں پر وہ رہنما متمکن تھے جو واقعی سیاست کو سماج سے الگ کرنے کی سیاست کا کھیل نہیں کھیلتے تھے۔

اسی زمانے میں صحافت اپنی تمام طلسمی محرکات سے سرشار تھی۔ دہلی سے خوشتر گرامی کا اردو ماہنامہ "بیسویں صدی" افسانوی ادب کا نمائندہ رسالہ تھا تو اسی دہلی کے آصف علی روڈ پر واقع دفتر سے یوسف دہلوی نے اپنی ادبی اور فلمی صحافت کا آغاز کیا تھا اور ان کے ماہنامہ "شمع" نے نہ صرف ہندوستان بلکہ بیرون ملک تک شمع کو اپنا گرویدہ بنالیا

تھا۔ "شمع"، بانو"، "سشما"، "کھلونا"، آئینہ "، "شبستان" اور "مجرم" الگ الگ موضوعات کو اپنے صفحات میں سمیٹے ادب، فلم، تہذیب نسواں، جرم وجزا، مغربی کہانیوں کو ڈائجسٹ کرنے اور اردو شعر و ادب کے معماروں کی سوانح اور ان کے حالات زندگی سے مزین ہر ماہ خریداروں کو دو کانوں پر قطار بند رکھتے تھے۔

ممبئی میں وی ٹی اسٹیشن (اب شواجی ٹرمینل) کے سامنے مغربی سمت میں انگریزوں کی تعمیر کردہ ایک عمارت 'ٹائمز آف انڈیا' کے نام سے آج بھی واقع ہے لیکن گزشتہ صدی کے اس عہد میں یہ عمارت صحافت کا ایک ایسا قصرِ عافیت تھی جس کے ہر فلور پر مختلف دفاتر قائم تھے اور ان دفاتر کے سربر آوردہ وہ ہستیاں تھیں جو آج قصۂ پارینہ بن چکی ہیں، لیکن ہمارا ادب، ساہتیہ اور لٹریچر ان ہستیوں کی صحافتی خدمات کو کبھی فراموش نہیں کر پایا۔

وہ تمام ہستیاں صحافت کی تاریخ کا وہ درخشاں باب ہیں جنھیں وقت کی کوئی برہم مزاج آندھی صحافت کی لوح سے مٹانے کی جرات نہیں کر سکتی۔ "ٹائمز آف انڈیا" روزنامے کے علاوہ اسی بلڈنگ سے ہندی ہفت روزہ "دھرم یگ" (ایڈیٹر دھرم ویر بھارتی)، انگریزی ہفت روزہ "السٹریڈ ویکلی" (ایڈیٹر خوشونت سنگھ) ہفتہ وار "بلٹز" (ہندی انگریزی و اردو) چیف ایڈیٹر کرنجیا، ہفتہ روزہ "فلم فیئر" اور "اسکرین"۔۔۔ یہ ایسے اخبارات اور ہفتہ روزہ تھے جنھوں نے تقریباً نصف صدی سے زیادہ عرصہ تک تینوں زبانوں کی شفاف صحافت سے اپنا وقار، توقیر اور غیر نظریہ سازی کے معطر مضامین سے ہر طبقے کے ہر فرد کے ذہن کو صحافت کے اجالوں سے معمور رکھا۔

اسی عمارت کے ایک فلور پر ہندی اردو "ساریکا" کا دفتر واقع تھا۔ اس دفتر کے سربراہ کملیشور جی تھے۔ ان کی صحافت میں ہفت روزہ "ساریکا" جاری ہوا اور ایک طویل

عرصہ تک یہ ہفت روزہ بھی "بیسویں صدی" اور "شمع" کی مانند ہر دلعزیز رہا۔ کملیشور جی ایک دیدہ ور قلمکار تھے۔ طبقہ واریت ان کے وجود پر کبھی اثر انداز نہیں ہو سکی۔ وہ ہمیشہ سیکولر نظریات کے حامی رہے۔ ان کی صحافت میں جہاں بے باکی تھی وہیں ایک فنکارانہ تزئین بھی تھی۔ سیاست کے وہ حامی ضرور تھے لیکن خود مختار سیاست کے وہ قائل نہیں تھے۔ یعنی ایسی سیاست جو انسان کے بنیادی حقوق کو بھی اپنے مفاد کی ترازو میں رکھ کر اس کا پلڑا اپنی جانب جھکا لیتی ہو، جو استحصال کی پیروکار ہو اور اس کا ہر ظاہری عمل اس کے باطنی عمل کو اجاگر کرتا ہو۔

کملیشور جی ترقی پسند تحریک میں ضرور شامل رہے چونکہ یہ تحریک کئی معنوں میں زندگی کے اوراق پر انسان کے کئی حسین خواب رقم کر رہی تھی۔ ادب کو مغلوبیت سے نکال کر اسے لسانی فنون کا انقلابی فرض انجام دے رہی تھی لیکن جب وہ خود اپنے ہی صفات کے دائرے سے نکل کر لذت جمال میں آگئی اور نظریہ سازی سے مغلوب ہو گئی تو انہوں نے بہت خاموشی کے ساتھ خود کو اس تحریک سے اس طرح الگ کر لیا کہ ان پر کوئی حرف ملامت نہ آسکا۔ یوں بھی اس تحریک سے بالواسطہ ہی وہ وابستہ رہے تھے۔

"ساریکا" آج بھی نکلتا ہے اور پابندی سے جاری ہے لیکن اگر آپ کملیشور جی کے زیر ادارت "ساریکا" کے شماروں کا مطالعہ کریں گے تو موجودہ "ساریکا" کا فرق واضح ہو جائے گا۔

ہندی میں کہا گیا ہے کہ:

کملیشور جی نئی کہانی اتھوا سمپادیکا کے جیوتی اسمتھ تھے

یعنی صحافت اور کہانی کے وہ ستون تھے جس پر آئندہ صحافت اور کہانی کی عمارت کھڑی ہے۔ ان کی فکر میں کمال کی کشادگی تھی۔ راست اظہار ان کا مزاج تھا۔ کھری بات

کہنا ان کی شخصی فنکاری کا آزادانہ اسلوب تھا۔ وہ اپنی گفتگو میں کسی قسم کی لفظی آرائش کا استعمال نہیں کرتے تھے۔ بہت صاف الفاظ میں سادگی کے ساتھ اپنی بات کہتے تھے کہ سننے والا بآسانی اس کے معنی کو سمجھ لے۔ لب و لہجے کی تخلیقیت ان کی تقریر اور تحریر دونوں میں اس لئے یکساں ہے کہ وہ ادب اور گفتگو کو زندگی کی مصوری مانتے تھے۔

کملیشور ۶/ جنوری ۱۹۳۲ء کو مین پوری (اتر پردیش) میں پیدا ہوئے تھے۔ اور ۲۷ جنوری ۲۰۰۷ء کو ۷۵ سال کی عمر پاکر اس دنیا سے رخصت ہو گئے۔ اپنے آخری ایام کملیشور جی نے ہریانہ میں بسر کئے۔ ۲۶/ جنوری ہندوستان کی جمہوریت کا دن تھا اور تمام ہندوستان اس جشن کو انتہائی جوش و خروش سے منانے میں مگن تھا۔ خاص طور سے یہ دن تو دہلی کے لئے ایک ایسا دن ہوتا ہے جب دہلی اپنا سنگار کرتی ہے اور اس کے در و دیوار، سڑکیں اور گلیارے گل رنگ ہو جاتے ہیں۔ موسم سرما کا یہ دن سرد ترین اور کہر آلود ہونے کے باوجود آدمی کو آرام طلب احساس سے نکال کر دہلی کے راج پتھ پر لے آتا ہے۔

یہ اس جشن کی ایک رات تھی جب کملیشور جی زندگی کو الوداع کہہ رہے تھے۔ ۲۸/ جنوری کو لودھی روڈ دہلی میں واقع شمشان میں انہیں نذر آتش کر دیا گیا۔ ایک وجود جس کی سانسوں میں ہندوستان بستا تھا، جس کی رگوں میں ہندوستان خون بن کر جسم کو حرارت دیتا اور جس شخص نے اپنی تمام عمر ادب، صحافت، فلم اور ہندوستان کے درخشاں مستقبل کی نذر کی، پل بھر میں وہ راکھ ہو گیا اور تمام ہندی اور اردو ادب کو ناقابل فراموش کر بنا کی دے گیا۔

میں ان سے ذاتی طور پر واقف تھا۔ میری ان سے پہلی ملاقات بمبئی میں ہی ہوئی تھی۔ مارچ ۱۹۷۹ء میں، میں نے اپنا میوزیکل پلے "نا دھر کے نا ادھر کے" بمبئی کے برلا

ماتوشری ہال میں اسٹیج کیا تھا۔ یہ پہلا ڈراما تھا جس نے بمبئی میں پہلی بار بھوپال کو نمائندگی دی تھی۔ کملیشور جی اس وقت ممبئی دوردرشن کے ڈائریکٹر جنرل تھے، اور ان کا ایک پروگرام "پریکرما" دوردرشن سے ٹیلی کاسٹ ہوا کرتا تھا۔ انہیں جب میرے ڈرامے کا علم ہوا تو وہ بذات خود برلا ماتوشری آئے، ریہرسل دیکھی، مجھ سے انٹرویو کیا اور اشتیاق خان (فلم امراؤ جان میں فاروق شیخ کے والد) کے ذریعہ اسکرپٹ کی ایک کاپی منگوائی تاکہ اس ڈرامے کے کچھ اہم مناظر اپنے پروگرام "پری کرما" کے لئے فلم بند کر سکیں۔ انہیں دنوں جے پرکاش نارائن موت وزیست کی کشمکش میں مبتلا جسلوک ہسپتال میں داخل تھے۔ وزیر اعظم مرار جی ڈیسائی کی دفتری غلط فہمی کی وجہ سے جے پرکاش نارائن کی موت کی اطلاع دے دی گئی اور ممبئی کا دوردرشن جسلوک ہسپتال میں اس خبر کی کوریج میں مصروف ہو گیا جو بعد ازاں غلط ثابت ہوئی۔

کملیشور جی سے یہ ملاقات دیرپا ثابت ہوئی اور میں کیڈل روڈ پر واقع بشپ اپارٹمنٹ کے سیکنڈ فلور پر واقع ان کے فلیٹ پر ملنے جاتا رہا۔ ۱۹۷۹ء میں ہی مقامی میڈیکل کالج نے اپنی سالانہ تقریب میں انہیں بطور مہمان خصوصی مدعو کیا تھا۔ میں اس وقت مقامی کیپٹل ہوٹل میں بطور سپروائزر ملازم تھا۔ ان کا قیام ڈاکٹر منوج ماتھر (نزد نقار خانہ بھوپال) کی رہائش گاہ پر تھا۔ میں نے اپنے ساتھیوں کے ساتھ ان کے استقبال کا پروگرام ترتیب دیا اور ایک ٹیکسی کرائے پر لے کر ڈاکٹر منوج ماتھر کی رہائش گاہ پر پہونچا اور انہیں کیپٹل ہوٹل پر آنے کی استدعا کی۔ ڈاکٹر منوج ماتھر ان کا پروگرام پہلے سے طے کر چکے تھے لیکن کملیشور جی نے اس پروگرام کو فوقیت دی اور ہمارے ساتھ کیپٹل ہوٹل آگئے جہاں ہم نے ان کا استقبال کیا۔ آج سوچتا ہوں تو یقین نہیں آتا کہ اسی ہندوستان میں کملیشور جی جیسے لوگ بھی تھے جنہیں نام و نمود، بھیڑ بھاڑ، کیمرہ، فلیش اور میڈیا کی خواہش نہیں

رہی، تو میں اپنے آنسو نہیں روک پاتا ہوں۔ اس وقت وہ "ساریکا" چھوڑ چکے تھے۔ "کتھا ساگر" بھی بند ہو چکا تھا اور ایک ہفت روزہ "گنگا" کی اشاعت کر رہے تھے۔

۲۰۰۶ء میں وہ پھر سے بھوپال آئے۔ موقع تھا ساہتیہ اکیڈمی نئی دہلی کے سہ روزہ سیمینار کا۔ وہ مجھ سے ملے، گلے لگایا۔ اس وقت کی تصویر میری البم میں موجود ہے۔ اس کے بعد ہی ان کی وفات ہو گئی۔

"ساریکا" ٹائمز آف انڈیا کا ایک بے حد مقبول ہفت روزہ تھا۔ جو کملیشور جی کی زیر ادارت شائع ہوا کرتا تھا۔ ٹائمز آف انڈیا کے منافع خور مالکان مارواڑی تھے۔ جن کا نظریہ محض تجارت تھا اور اس تجارت میں اگر ذرہ بھر بھی نقصان ہو تو وہ اپنے مفاد پر ہر شے قربان کر دیتے تھے۔ یہی کملیشور جی اور خوشونت سنگھ کے ساتھ بھی ہوا۔ جب ملک میں ایمرجنسی نافذ ہو گئی اور بعد میں اندرا گاندھی کو شکست ہوئی اور ہندوستان تیرہ سیاسی پارٹیوں کے ملغوبے کے زیر اقتدار آگیا تو صاف گو اور حقیقت پسند صحافیوں کا وجود نا قابل برداشت ہو گیا۔ اس کا سب سے پہلا نشانہ خوشونت سنگھ بنے اور پھر کملیشور۔ خوشونت سنگھ خاموشی سے ٹائمز آف انڈیا بلڈنگ کی سیڑھیوں سے اتر کر دہلی جا بسے لیکن کملیشور جی نے آسانی سے شکست قبول نہیں کی۔ وہ مارواڑیوں کی رگ و پے سے واقف تھے، مالکان نے پین سی روڈ پر انہیں ایک شاندار فلیٹ دے رکھا تھا۔ کملیشور جی نے جب تک اس کا بھرپور معاوضہ وصول نہیں کر لیا، فلیٹ نہیں چھوڑا۔

شاید ۲۰۰۵ء کی بات ہے۔ ڈاکٹر اصغر علی انجینئر نے بھوپال کے گاندھی بھون میں بوہرہ سماج (اینٹی سیدنا) کی انٹر نیشنل دو روزہ کانفرنس کا انعقاد کیا تھا جس میں کئی ملکوں کے مندوبین شریک ہوئے تھے۔ کملیشور جی بھی آئے تھے، مجھے بھی مدعو کیا تھا۔ وہاں میری ان سے ملاقات ہوئی تو انہوں نے بتایا کہ اب ہریانہ کے سندر بن میں رہتے ہیں۔ ان کی

بیٹی کی شادی بھوپال میں مقیم شاعر دشینت کمار کے بیٹے انل تیاگی سے ہوئی تھی۔

ساجد رشید نے اپنے ماہنامہ "نیا ورق" شمارہ نمبر ۲۶، اپریل تا جون ۲۰۰۷ء میں کملیشور کا گوشہ شائع کیا تھا اور ساجد رشید نے ایک خاکہ نما مضمون کملیشور جی پر لکھا تھا۔

کملیشور ٹائمز آف انڈیا گروپ اور ساریکا کی ایڈیٹر شپ سے علیحدگی کے بعد تقریباً تہی دست ہو گئے تھے، مگر چونکہ جرات مند انسان تھے اور ہمت مرداں مدد خدا کے مصداق انہوں نے زمین کو اپنے قدموں کے تابع رکھا۔ "ساریکا" چھوڑتے وقت وہ ضروری تخلیقات کی فائلیں اپنے ساتھ لے آئے تھے۔ اب ان کے سامنے دو محاذ تھے۔ ذہنی طور پر وہ تخلیق کار اور مدیر تھے۔ جو ان کی اسی حد تک کفالت کر سکتا تھا کہ مقبولیت زیادہ اور پیسہ کم ان کے دامن میں سما سکتا تھا۔ دوسرا محاذ زیادہ وقیع تھا اور وہ محاذ تھا سینما اور فلم جس میں مقبولیت بھی تھی اور دولت بھی۔ انہوں نے دونوں محاذوں پر خود کو آزمایا اور کامیاب رہے۔

"ساریکا" چھوڑتے وقت جو غیر مطبوعہ تخلیقات کی فائلیں اپنے ہمراہ لیتے آئے تھے وہ ان کے کام آئیں۔ اب انہیں صحافت کی آزادانہ راہ متعین کرنا تھی۔ انہوں نے "کتھا یاترا" کی اشاعت کا منصوبہ تیار کیا اور جوہو پر واقع جانکی کٹیر میں واقع اپنے فلیٹ پر "یاترا" کا دفتر شروع کر دیا۔ چونکہ ان کے پاس اتنا سرمایہ نہ تھا کہ "کتھا یاترا" کی اشاعت کرنے میں کافی ہوتا۔ انہوں نے باہمی اشتراک Cooperative Bases پر عمل کیا اور قارئین سے اپیل کی کہ وہ حسب مقدور اس کے حصص میں حصہ لیں۔ تین سو روپے سے ایک ہزار روپے تک کے حصص مخصوص کئے گئے۔ چونکہ ان کے قارئین کی تعداد خاصی تھی اور یہ رقم کچھ اتنی زیادہ بھی نہیں تھی، اس لئے حصص لینے میں کسی کو کوئی قباحت نہیں ہوئی اور "کتھا یاترا" منظر عام پر آگیا۔ اس کے ناظم ہندی کے معروف ادیب

راجندر بھاٹیہ تھے۔ جانکی کٹیر میں مینا کماری بھی رہی تھیں اور اسی جانکی کٹیر میں کیفی اعظمی بھی رہائش پذیر تھے۔

کملیشور جی کے ہمراہ صحافت کا ایک وسیع تجربہ تھا اور وہ بذات خود بھی ایک دیدہ ور فنکار، قلم کار اور تصنیف کار تھے، اس لئے "کتھا یاترا" کی پہلی اشاعت ہی ملک کے ہر ہندی قاری کو متاثر کر گئی۔ اس کے پہلے شمارہ کا سرورق مشہور پینٹر مکن مکھ پادھیائے نے تیار کیا تھا۔ لیکن شومی قسمت کہ "کتھا یاترا" اپنی یاترا مکمل نہیں کر پایا اور چند حاسدوں کی مخالفانہ سرگرمیوں کی وجہ سے چوتھے شمارے کے بعد "کتھا یاترا" بند ہو گیا۔ ۱۹۸۰-۸۱ء میں ایک پبلیشر نے ہندی ہفت روزہ نکالنے کا منصوبہ بنایا۔ یہ پبلشر مراٹھی اور گجراتی زبانوں میں بے حد مقبول ہفت روزہ نکالتا تھا۔ ہندی ہفت روزہ کی ایڈیٹرشپ کے لئے کملیشور کا انتخاب کیا گیا اور ہندی ہفت روزہ "شری ورشا" کملیشور کی زیر ادارت شائع ہو گیا۔

ساجد رشید سے چونکہ کملیشور جی کے مراسم تھے اور ساجد رشید ان کا بے حد احترام کرتے تھے۔ اس وقت ساجد رشید کی کہانیاں شائع ہونے لگی تھیں۔ ساجد رشید کی خواہش پر کملیشور جی نے انہیں "شری ورشا" میں بطور مدیر معاون جگہ دے دی لیکن ساجد رشید نے جب اردو کادمی مہاراشٹر کے سکریٹری خواجہ عبدالغفور کی انانیت اور علاقائی پرستی کی خودنمائی کے خلاف ایک تنقیدی رپورٹ "شری ورشا" میں شائع کر دی تو مخالفوں کے منہ میں زبان آ گئی۔ چونکہ کملیشور جی اپنی فلموں کے اسکرپٹ کی تکمیل میں زیادہ مصروف رہنے لگے تھے اور "شری ورشا" کی ذمہ داریاں اپنے معاونین پر ڈال رکھی تھیں، لہٰذا مخالفوں نے اس موقع کا فائدہ اٹھایا اور مراٹھی ہفت روزہ کے ایڈیٹر نے گجراتی مالک کو کملیشور جی کے خلاف کر دیا۔ نتیجہ یہ ہوا کہ ہندی ہفت روزہ "شری ورشا" کی ادارت سے

کملیشور جی کو بے دخل کر دیا گیا۔ یہ ہفت روزہ صرف ایک سال جاری رہ سکا تھا۔

کملیشور جی کے ہم عصر راجندر یادو، موہن راکیش جیسے ہندی کہانی کار اور ناٹک کار تھے۔ انہوں نے ۱۹۵۵ء میں ہندی کہانی کی تحریک شروع کی تھی جو بحث کا موضوع بنی تھی۔ اسی تحریک کے دوران ۱۹۵۷ء میں جب انہوں نے "راجہ نرسمہا" کہانی لکھی اور اس کہانی کی اشاعت ہوئی تو اچانک کملیشور جی ہندی کہانی کے نمایاں کہانی کار بن گئے۔ ان کے بارے میں کہا جاتا ہے کہ وہ جب بھی ادب کو تضحیک کا نشانہ بنتے دیکھتے تو ان سے برداشت نہیں ہوتا اور وہ اس کے خلاف ایک محاذ قائم کر لیتے تھے۔

۱۹۶۰ء میں جب جدیدیت کو پھر سے زندہ کیا گیا اور ہندی ساہتیہ کو آدھونک کرن سے جوڑا گیا تو انہوں نے اسے نام نہاد ساہتیہ کاروں کی بے معنویت راگنی سے نسبت دے کر بے حد تلخ مضمون لکھا جو "دھرم یگ" میں شائع ہوا تھا۔ اس وقت دھرم یگ کے مدیر یدھ ویر بھارتی تھے جو بذات خود جدیدیت کے حامی شاعر تھے مگر انہوں نے یہ مضمون بہت ایمانداری سے دھرم یگ میں شائع کیا تھا۔ شاید وہ یہ دیکھنا چاہتے تھے کہ دیکھیں ہندی کے ان ساہتیہ کاروں پر اس کا کیا اثر ہوتا ہے جنہوں نے ہندی کہانی میں جدیدیت کی تحریک اٹھائی ہے۔

مضمون کا شائع ہونا تھا کہ ایک ہنگامہ بپا ہو گیا جس نے ہندی ادب کی جدیدیت کی بنیاد ہلا دیں۔ کملیشور جی جدیدیت کے ایک حد تک قائل تھے۔ بے معنی اور لایعنی کہانیوں کو جنہیں جدیدیت سے جوڑ کر بے حد ترقی پسند ہونے کا ڈھونگ رچایا جا رہا تھا وہ اس کے نہ تو حامی تھے اور نہ اس کے قائل۔ وہ کہانی میں توازن چاہتے تھے اور یہی توازن ان کی کہانیوں کو قاری سے نزدیک تر لاتا ہے۔ روایت اور جدیدیت ان کی کہانیوں کی ترازو کے دو پلڑے ہیں جن کا پاسنگ برابر ہے۔ وہ کئی رسائل کے مدیر رہے۔ ان کی

کہانیوں کے دس سے زیادہ مجموعے شائع ہوئے اور کئی ناولیں بھی۔

ساریکا سے دستبردار ہونے اور کتھا یاترا شروع کرنے سے قبل انہیں دور درشن ممبئی میں بطور ڈائریکٹر ملازمت دے دی گئی اور دور درشن پر انہوں نے اپنا مقبول عام پروگرام "پری کرما" جب شروع کیا تو اس کی شہرت اتنی ہوئی کہ لوگ اسے دیکھنے کے منتظر رہنے لگے۔

ان کا سب سے مقبول عام ناول "اور کتنے پاکستان" ہے۔

جس نے ان کی مقبولیت میں نہ صرف بے پناہ اضافہ کیا بلکہ اس ناول سے ان کی فکر، سوچ اور تخلیقی احساس ایک جمال کی تربیت کی مانند پیش ہوا ہے۔ اس ناول میں کہیں بھی انسان چوٹ محسوس نہیں کرتا۔ فکر کی تازہ کاری کے ساتھ گمبھیر مسائل حقیقتوں کا گمان بنتے ہیں۔ لہجہ اونچا ہوا ہے تو احتجاج میں ترسیل کی آسانیاں بھی اجاگر ہوئی ہیں۔ اس ناول نے ہندی ناولوں میں سب سے زیادہ فروخت ہونے کا ریکارڈ بھی قائم کیا تھا۔ ۲۰۰۳ء میں اس ناول پر ساہتیہ اکیڈیمی ایوارڈ بھی انہیں دیا گیا تھا۔ حکومت ہند نے ۲۰۰۶ء میں انہیں پدم بھوشن کے سرکاری اعزاز سے بھی نوازا تھا۔

کملیشور جی جب ساریکا سے وابستہ تھے تبھی بمبئی سنیما ان کی تخلیقی صلاحیتوں سے آگاہ ہو چکا تھا، اور انہیں فلمیں ملنے لگی تھیں۔ انہوں نے کئی فلمیں لکھیں جو کامیاب بھی رہیں۔ ان فلموں کی کامیابی نے ان کے لئے مزید فلمی شاہراہیں ہموار کر دیں۔

فلمی اسکرپٹ اور مکالمہ نویسی سے جو پیسہ ملا اسی سے انہوں نے "کتھا یاترا" نکالی تھی مگر زیادہ دیر وہ قائم نہ رہ سکی۔

۱۹۸۰ء میں جب بمبئی دور درشن نے انہیں اپنی سرکاری ملازمت میں لیا تو انہوں نے سکون کی سانس لی کیونکہ بمبئی سنیما کے ایسے فلمساز ان سے اپنی فلمیں لکھوانے کے

خواہش مند تھے جو موضوع، کہانی اور کاسٹ ہر لحاظ سے بے معنی اور فضول تھیں اور کملیشور جی مروت اور مزاج کے اعتبار سے انہیں قبول کرنے پر مجبور ہو رہے تھے۔ دور درشن نے انھیں اس بھنور سے نکال لیا اور ملازمت کی مصروفیات کا ایک بہانہ انہیں مل گیا اور وہ نام نہاد فلمسازوں سے نجات پا گئے۔ کچھ فلمیں ایسی تھیں جنہیں ہر حال میں انہیں مکمل کرنا تھا۔ ان فلموں کی تعداد تقریباً پانچ تھی۔ انہوں نے انہیں مکمل کیا اور پھر انہوں نے دور درشن جوائن کر لیا۔

اپنی ملازمت سے وہ بے حد خوش تھے اور ایک سکون کا احساس ان کے اندر جاگزیں تھا۔ اس سلسلے میں وہ لکھتے ہیں:

"دل میں کچھ آدرش تھے۔ سامنے کچھ اصول بھی تھے، زیادہ کار گر طریقے سے جینے اور کام کرنے کے مواقع تھے اور میں دور درشن میں یہی طے کر کے گیا تھا کہ ہندوستانی دور درشن کو سماجک اور ثقافتی تبدیلیوں کا ایک طاقتور میڈیم بناؤں اور اس کا گہرا رشتہ اور رابطہ ہندوستانی ادب، اسٹیج اور عوامی ثقافت سے جوڑوں گا تاکہ دور درشن فلمی اور تجارتی روابط میں خود کفیل ہو سکے۔ اطمینان بخش بات یہ تھی کہ اس غیر معمولی اور ناقابل عمل عزم کو صورت گری دینے میں، مجھے ہمارے محکمہ اطلاعات و نشریات کے وزیر شری وسنت ساٹھے اور وزیر اعظم اندرا گاندھی کا مکمل تعاون اور پوری طرح کام کرنے کی آزادی تھی۔"

(ماخوذ: اتنے اچھے دن۔ کہانی کا مجموعہ صفحہ ۱۰۲)

کملیشور ایسے کہانی کار تھے جنہیں اپنی تخلیق کے اندر اور تخلیق کے باہر دونوں طرح سے جینا پڑتا تھا۔ دونوں ہی گمبھیر حالات ہوتے ہیں، ایک تخلیق کار کے لئے۔ ایک کہانی تو تخلیقی سطح پر لکھی جاتی ہے اور دوسری گہرے اور عمیق فکر و فہم سے لکھی جاتی ہے۔

کملیشور جی کا تعلق کائستھ گھرانے سے تھا۔ اعلیٰ تعلیم پانے کے بعد انہوں نے طویل جدوجہد میں زندگی گزاری اور بالآخر انہیں اس جدوجہد کا بہترین صلہ ملا۔ وہ ہندی اور اردو میں یکساں طور پر بطور ناول نگار و کہانی کار مقبول ہوئے۔ انہوں نے کئی فلموں کے اسکرپٹ، منظر نامے اور مکالمے لکھے اور ان کی لکھی ہوئی فلمیں نہ صرف پسند کی گئیں بلکہ کچھ فلموں کو کلاسک میں بھی شمار کیا گیا۔

گلزار نے اپنا فلمی کیریر فلم گیت کار سے شروع کیا تھا پھر انہوں نے فلمسازی میں فلم "میرے اپنے" (۱۹۷۱ء) سے اپنا مقدر آزمایا اور خلاف امید کامیاب رہے۔ اس کامیابی نے ان کے لئے فلسمازی کا میدان ہموار کر دیا۔ انہوں نے کملیشور جی کے دو ناولوں کا انتخاب کیا اور ان پر پوری تکنیکی صلاحیتوں کو برائے کار لاکر کامیاب فلمیں بنائیں۔ گلزار کی وہ دو فلمیں "آندھی" اور "موسم" ایسی فلمیں ہیں جو گلزار کی فلمسازی اور ہدایت کاری کی اہم ترین فلمیں تسلیم کی جاتی ہیں۔ یہ دونوں فلمیں کملیشور جی کی ناول پر مبنی تھیں۔

مجھے یاد ہے، فلم آندھی ۱۹۷۴ء میں کملیشور جی نے بھوپال ہی میں لکھی تھی۔ اور فلم کا منظر نامہ اور مکالمے بھی کملیشور جی نے ہی لکھے تھے۔ اس طرح موسم بھی کملیشور جی نے ہی لکھی تھی لیکن ان دنوں فلموں کی کاسٹ میں بطور مکالمہ نویس اور اسکرپٹ رائٹر گلزار کا نام دیا گیا ہے۔ یہ ہماری فلموں کا وہ چلن ہے جسے عرف عام میں آنکھ سے کاجل چرا لینا کہتے ہیں۔ کملیشور جی ایک دیدہ ور فنکار تھے۔ انہوں نے کبھی صلے کی پرواہ نہیں کی لیکن بہر حال پیسہ تو کمزوری بھی ہے اور ضرورت بھی۔ آدمی کو اس کی خاطر سمجھوتا کرنا ہی پڑتا ہے۔ کملیشور جی کی فلموں کی تعداد تو کافی ہے لیکن میں یہاں چند قابل دید فلموں کا ہی ذکر کیا جا رہا ہے۔

** ۱۹۶۹ء "سارا آکاش" سنے آئی فلمز ممبئی۔ ہدایت: باسو چٹرجی (یہ فلم راجندر یادو کی ناول "سارا آکاش" پر مبنی تھی۔ (منظر نامہ۔ مکالمہ)

** ۱۹۷۱ء "پھر بھی"۔ چھبی بھارتی بمبئی۔ ہدایت: شویندر سنہا۔ (کہانی)

** ۱۹۷۵ء "آندھی" "فلم یگ ممبئی۔ ہدایت: گلزار

** ۱۹۷۵ "امانش" "شکتی فلمز ممبئی۔ ہدایت: شکتی سامنت۔ (مکالمے)

** ۱۹۷۵ء "موسم"۔ فلم یگ ممبئی۔ ہدایت: گلزار

** ۱۹۷۸ء "تمہاری قسم"۔ ایسوسی ایٹ فلمز اینڈ فائنانس کارپوریشن ممبئی۔ ہدایت: روی چوپڑہ (منظر نامے، مکالمے)

** ۱۹۷۸ء "ساجن بنا سہاگن" مرکری پروڈکشن ممبئی۔ ہدایت: ساون کمار۔ (منظر نامہ، مکالمے)

** ۱۹۷۹ء "ہم تیرے عاشق ہیں"۔ پریم ساگر فلمز ممبئی۔ ہدایت: پریم ساگر (منظر نامہ، مکالمے)

** ۱۹۸۰ء "ساجن کی سہیلی"۔ مرکری پروڈکشن ممبئی۔ ہدایت: ساون کمار۔ (منظر نامہ، مکالمے)

** ۱۹۸۰ء "رام بلرام"، نوجیون فلمز ممبئی۔ ہدایت: وجے آنند (مکالمے)

** ۱۹۸۰ء "دی برننگ ٹرین"۔ بی آر فلمز ممبئی۔ ہدایت: روی چوپڑہ (مکالمے)

** ۱۹۸۱ء "برسات کی ایک رات"۔ شکتی فلمز ممبئی۔ ہدایت: شکتی سامنت (مکالمے)

** ۱۹۸۲ء "ڈائورس" (طلاق) میواڑ فلمز ممبئی۔ ہدایت: این ڈی کوٹھاری (منظر نامہ، مکالمے)

** ۱۹۸۳ء "سوتن"۔ مرکری ہروڈکشن ممبئی۔ ہدایت: ساون کمار (مکالمے)

** ۱۹۸۳ء "رنگ برنگی"۔ راجوی پکچرس ممبئی۔ ہدایت: رشی کیش مکرجی۔ (منظر نامہ، مکالمے)

** ۱۹۸۴ء "لیلیٰ"۔ ساون کمار فلمز ممبئی۔ ہدایت: ساون کمار (مکالمے)

** ۱۹۸۴ء "یہ دیش" بھارتی انٹرنیشنل مدراس، ہدایت: ٹی راماراؤ (مکالمے)

** ۱۹۸۹ء "سوتن کی بیٹی"۔ ساون کمار فلمز ممبئی۔ ہدایت: ساون کمار (مکالمے)

** ۱۹۹۳ء "کھلنائیکہ"۔ ساون کمار فلمز بمبئی۔ ہدایت: ساون کمار (مکالمے)

Kamleshwar, a solid pillar of Hindi journalism and short story.

***

۲

قدیر زماں: کہانی کار، ڈرامہ نگار، قلم کار اور سماجی جہد کار

مضطر مجاز

۲۸/ جنوری ۲۰۱۸ کو روزنامہ 'سیاست' کے اپنے مخصوص کالم "یادِ رفتگاں" میں نامور طنز و مزاح نگار مجتبیٰ حسین نے "قدیر زماں" کی یادیں تازہ کرتے ہوئے پس نوشت کے طور پر لکھا تھا:

بالآخر ۲۰ جنوری ۲۰۱۸ کو قدیر زماں طویل علالت کے بعد ہمیں یکا و تنہا چھوڑ کر اس دنیا سے چلے گئے۔ اِن سے ہمارے ۶۵ برس پرانے مراسم تھے۔ اس اعتبار سے وہ ہماری نوجوانی کے دنوں کے اکیلے دوست باقی رہ گئے تھے۔ ادب اور ثقافت سے اُن کا سروکار نہایت گہرا تھا۔ وہ افسانہ نگار، ڈرامہ نگار اور تبصرہ نگار بھی تھے۔ ان کے بعض ڈرامے خاصے مقبول ہوئے۔ چار سال پہلے انہوں نے شمس الرحمن فاروقی کے شہرہ آفاق ناول "کئی چاند تھے سرِ آسماں" کی تلخیص "وزیر خانم" کے عنوان سے کی تھی جسے ادبی حلقوں میں خاصا سراہا گیا تھا۔ وہ طویل عرصہ سے صاحبِ فراش تھے۔ میں اور پروفیسر بیگ احساس وقفہ وقفہ سے ان کی عیادت کیلئے اُن کے گھر جایا کرتے تھے۔ دس بارہ دن

پہلے ہم ان کے گھر گئے تو سو رہے تھے۔ ہمارے آنے کی آہٹ سن کر اچانک جاگ گئے۔ بستر سے اٹھنے کی کوشش بھی کی مگر ہم لوگوں نے انہیں منع کر دیا۔ ہمیں دیکھ کر ان کے چہرہ خوشی سے کِھل اُٹھا۔ تھوڑی دیر کے لئے ان کی باتوں میں علالت اور کمزوری کے کوئی آثار بھی نظر نہیں آئے۔ میں نے موقع کو غنیمت جان کر اپنے فون سے گلبرگہ میں وہاب عندلیب سے اور الہ آباد میں شمس الرحمن فاروقی سے ان کی بات کروائی۔ بے حد خوش ہوئے، وہ ان دونوں اصحاب کی بڑی عزت کرتے تھے۔ مجھے کیا پتہ تھا کہ ان سے یہ میری آخری ملاقات ہو گی۔

(مجتبیٰ حسین)

مضطر مجاز نے روزنامہ 'منصف' کے ۱۵/مارچ ۲۰۱۸ کے ادبی ایڈیشن میں قدیر زماں پر ایک موقر مضمون تحریر کیا ہے (جو شاید قدیر زماں کی وفات سے قبل کا تحریر کردہ ہے) جو یہاں پیش ہے۔

آندھرا پردیش کے ضلع کریم نگر کے ایک مالامال موضع گمبھیر پور میں ایک متوسط زمیندار خاندان میں ایک لڑکے کا جنم ہوا، (۵/اکتوبر ۱۹۳۳ء) لیکن وہ اس چھوٹے سے موضع یا ضلع یا صوبے یا پھر اپنے ملک تک ہی محدود نہیں رہا بلکہ یورپ، امریکہ، کینیڈا، کے کئی شہروں کے علاوہ مشرقِ وسطیٰ میں قزاقستان اور خود برصغیر میں نیپال کی ترائیوں تک جہانیاں جہاں گشت بنا گھومتا رہا اور یہ کوئی تفریحی دورے نہیں تھے بلکہ شرابِ علم کی لذت کشاں کشاں اسے لیے پھرتی رہی۔

اس لڑکے کی قدیر زماں کے نام سے علمی و ادبی حلقوں میں پہچان ہوئی۔

ابتدائی تعلیم تعلقہ مستقر جگتیال پر ختم کر کے قدیر زماں ملازمت کے لئے حیدرآباد آئے تو یہیں کے ہو رہے۔ چھوٹی موٹی ملازمتوں کے بعد محکمہ امداد باہمی میں ایک

درمیانی درجے کے عہدے سب رجسٹرار پر منتخب ہوئے اور اسپیشل کیڈر ڈپٹی رجسٹرار کے عہدے سے ریٹائر ہوئے۔

حیدرآباد میں ملازمت کرتے ہوئے انہوں نے اپنا تعلیمی سفر بھی جاری رکھا اور او۔ایل۔ایل۔بی اور ایم۔کام تک کی اعلیٰ ڈگریاں حاصل کیں۔ حیدرآباد میں بھی وہ نچلے نہیں بیٹھے۔ سب سے پہلے ان کی سماجی مصروفیات میں، گلبرگہ اسٹوڈنٹس کا ٹیج سے وابستگی تھی جہاں ان کی ملاقات مشہور مزاح نگار مجتبی حسین اور کرناٹک کے اردو کے مشہور ادیب اور جہد کار وہاب عندلیب سے ہوئی۔ ان سب نے مل کر "بزم ادب، کاچیگوڑہ" کی نیو رکھی جس سے حیدرآباد کے کئی نامی گرامی ادیب اور شاعر ابھرے۔

جامعہ عثمانیہ میں پوسٹ گریجویشن میں داخلہ لیا تو آرٹس کالج کی طلبا یونین کے صدر منتخب ہوئے۔ مجلہ عثمانیہ کے علاوہ ایک رسالے "سفینہ" کے ایڈیٹر بھی رہے۔ انجمن آرائی قدیر زماں کا بڑا پسندیدہ مشغلہ ہے۔ تنہائی پسندی اور قنوطیت کا شکار وہ کبھی نہیں رہے۔ یکے بعد دیگرے کئی انجمنوں سے ان کی بڑی عملی وابستگی رہی۔

"پیوستہ رہ شجر امید بہار کھ" گویا ان کی طبیعت کا جزو ثانی سا بن گیا ہے۔ وہ اردو کی محض ادبی انجمنوں ہی سے نہیں بلکہ اور کئی سماجی اداروں سے بھی جڑے رہے جن میں حیدرآباد لٹریری فورم، اقبال اکیڈیمی، فورم فار ماڈرن تھاٹ اینڈ لٹریچر (جو خود انہوں نے قائم کیا) کے علاوہ ۔۔۔ پر کاشم انسٹی ٹیوٹ، اکشرا جیوتی، انڈین انسٹی ٹیوٹ فار پبلک ایڈمنسٹریشن (لائف ممبر)، سوسائٹی فار پریزویشن آف انوائرنمنٹ اینڈ کوالٹی آف لائف (انجمن برائے تحفظ ماحولیات و معیار حیات) ہم سب ہندوستانی (ٹرسٹی)، بک ریویو گلڈ (ٹرسٹی) شامل ہیں۔

وہ رائیڈنگ کلب اور شکار کلب کے بھی ممبر رہے۔ ۱۹۹۳ء سے ۱۹۹۷ء تک وہ

ساہتیہ اکادمی کے ممبر بھی رہے۔ گھڑ سواری، لٹھ بازی، بندوق اور تلوار چلانا ان کے مشاغل رہے ہیں۔ ایسا لگتا ہے وقت کے ہر پل سے امرت رس نچوڑنے کو انھوں نے اپنا لازمہ حیات بنالیا ہے۔ ایک بھرپور زندگی گزارنا ہی ان کا ماٹو ہے۔

ان تمام دلچسپیوں کے ساتھ ساتھ ان کا تخلیقی سفر بھی اسی سرگرمی سے جاری رہا۔ افسانے، ڈرامے، اقبالیات کے علاوہ انگریز اور دیگر ہندوستانی زبانوں سے تراجم میں بھی انہوں نے انتھک کام کیا ہے۔

افسانوں میں 'رات کا سفر (۱۹۷۶ء)' اور 'ادھورا سفر (۱۹۹۰ء)' عنوانات سے ان کے دو مجموعے شائع ہوئے۔ ڈرامائی ادب میں '

ماورا (۱۹۹۷ء)

' اور 'پنجرے کا آدمی (۱۹۸۷ء)' جو ایڈورڈ البی [Edward Albee] کی "

دی زوا سٹوری

" سے ماخوذ ہے، شائع ہو چکے ہیں۔ ریڈیو سے براڈکاسٹ ہونے کے علاوہ ان کے تین ڈرامے اسٹیج بھی ہوئے۔

"حیدرآباد کے مایہ ناز دانشور سید عالم خوندمیری" کے عنوان سے اپنے ادارے فورم فار ماڈرن تھاٹ کی جانب سے کتاب کو شائع کیا۔ عالم صاحب ہی کے انگریزی مضامین کا ایک مجموعہ Islam, Modernity & Secularism کے نام سے سیج (Sage) پبلی کیشن دہلی کی جانب سے زیر اشاعت ہے، جس پر ایک جامع پیش لفظ قدیر زماں صاحب کا تحریر کردہ ہے۔

تراجم میں ایڈی پس (سوفوکلیز) [Oedipus the King by Sophocles]، روپوشی کی تحریریں (ویمنا) جو ساہتیہ اکادمی نے شائع کی، 'پرچھائیں' امیتابھ گوش کی شیڈو

لائنس [The Shadow Lines by Amitav Ghosh] کا ترجمہ شامل ہیں۔
ساہتیہ اکادمی کے رکن ہونے کی حیثیت سے حیدرآباد میں ترجمے پر ایک ورک شاپ کا اہتمام کیا، جس میں دوسری ہندوستانی زبانوں سے ۲۱ کہانیاں ترجمہ کروا کر ساہتیہ اکاڈمی سے شائع کروائیں۔ جن میں حیدرآباد کے ادیبوں کے منجملہ خود قدیر صاحب بھی شریک ہیں۔

اردو کی ان تصنیفات، تالیفات اور تراجم کے ساتھ ساتھ قدیر زماں نے بہ زبان انگلیسیہ بھی خاصہ مواد تیار کیا ہے جس میں رشوت ستانی کے موضوع پر

۱. The land marks of Coop-movement in India

۲. Judiciary the Last Hope

۳. Bribery

۴. Silence is Crime

شامل ہیں۔ سال ۲۰۰۰ میں ان کی ایک معرکتہ الآراء کتاب "تلاش اقبال" بھی شائع ہوئی جس میں انہوں نے اقبال کو رحمۃ اللہ علیہ کی طیلسان سے نکال کر بہ حیثیت انسان پیش کرنے کی کوشش کی ہے۔

یہ نہیں کہ وہ اپنے کاروبار شوق ہی میں گم ہو گئے ہیں۔ وہ ایک نہایت گھریلو آدمی ہیں۔ ان کی بیگم شہر کی مشہور لیڈی ڈاکٹر ہیں۔ ان کے صاحبزادے ڈاکٹری کر رہے ہیں، لڑکی کی انہوں نے شادی کر دی ہے اور اپنے گھر اور بچوں کے لئے بھی وقت نکالتے ہیں۔

ان کے فکر و فن پر حیدرآباد کے نامور دانشوروں نے اپنے خیالات کا اظہار کیا ہے۔
عالم خوندمیری انہیں جدید افسانے کا معتبر ترجمان قرار دیتے ہیں۔ ان کے افسانوں میں حقیقت اور طلسم کا امتزاج پایا جاتا ہے جسے نہایت محتاط فنکارانہ انداز سے برتا گیا ہے

۔ان کی نظر صرف انسان کی خارجی زندگی پر نہیں رہتی، وہ اس کے پس پردہ انسانی کشمکش پر بھی نظر رکھتے ہیں اور خارج سے باطن کے ٹکراؤ کا مشاہدہ کرنے کی بھی ہمت رکھتے ہیں۔

اختر حسن کے خیال میں وہ کسی ایک لمحہ فکر کے آتشیں احساس یا کسی ایک چونکا دینے والے تجربے کی جذباتی آنچ سے اپنے افسانے کے پیکر تراشتے ہیں۔ ان کی اشارتی زبان اور علامتی اسلوب ان کے انسانوں کی زیریں لہر کو پڑھنے میں خارج نہیں ہوتا۔

مغنی تبسم کے خیال میں ان کی کہانیاں کہانی پن کے متلاشی قاری کو بھی مطمئن کرتی ہیں اور کہیں اینٹی کہانی کے قاری کی تسکین کا باعث بھی بنتی ہیں۔ ان کی کہانیوں کی ہیئت متاثر کرتی ہیں۔ خود افسانہ نگار قاری سے مخاطب ہو کر اسے خطابیہ یا موعظہ و تلقین نہیں بناتا۔

اگرچہ وہ عمر کی ساٹھویں دہائی کے منازل طے کر رہے ہیں۔ اور گھٹیا کے عارضے کے باوجود ان میں نوجوانوں کی سی چستی اور پھرتی پائی جاتی ہے۔

اللہ کرے زور شباب اور زیادہ!

ہماری سمجھ میں یہ بات بہر حال نہیں آرہی ہے کہ آخر یہ سب کچھ وہ کس طرح کرتے ہیں؟ یہ ایک ایسا گمبھیر راز ہے جس پر سے گمبھیر پور کا یہ باسی ہی شاید پردہ اٹھا سکے۔

ان کی اتنی ساری مصروفیات و مشغولیات کے ساتھ تصنیفی و تالیفی کام کو دیکھ کر حیرت ہوتی ہے کہ قدیر زماں کو بھی آخر وہی دن کے ۲۴ گھنٹے، مہینے کے تیس اور سال کے ۳۶۵ دن ملے ہیں۔ وہ اسی میزان صبح و شام کو جو ہم سب کو قدرت کی طرف سے عطا ہوئی، کس طرح اپنی طرف جھکا لیتے ہیں؟ ان کے پاس ایسا کونسا منتر ہے کہ وہ زماں کی طناب کو ربر کی طرح کھینچ کر اپنے حسب مرضی کر لیتے ہیں۔ انہیں دیکھ کر ہمیں اقبال کی

اس بات پر ایمان لانا پڑتا ہے:

ایام کا مرکب نہیں، راکب ہے قلندر

ایسا لگتا ہے کہ گھڑ سواری کرتے کرتے انہیں مرکب ایام پر سواری کا فن بھی آگیا ہے۔

Qadeer Zaman, a notable writer and social activist from Hyderabad. Essay: Muztar Majaz

***

٣

اردو صحافت کی زبان: تنزلی کی انتہا پر

اشہر ہاشمی

صحافت ایک دن کا ادب ہے اور اس کے قاری ادب کے باضابطہ قاری سے تعداد میں کئی ہزار گنا زیادہ ہیں۔ اس لئے صحافت کی زبان کا معیاری زبان بنے رہنا زبان کی بقاء کے لئے لازمی ہے۔ لیکن ہندوستان میں ادھر چار پانچ برسوں میں یہ صورتحال انتہائی تیزی کے ساتھ بگڑی ہے۔ یہ عجیب اتفاق ہے کہ اس وقت جب کہ کاغذ پر یا سرکاری اعداد وشمار کے مطابق اردو کی اشاعتوں اور اس کے قارئین میں بے پناہ اضافہ دیکھا جارہا ہے۔ اسی وقت صحافت کے متن میں زبان کا زوال بھی پوری طرح نظر آنے لگا ہے۔ یوں بھی ایسے لوگ تعداد میں کم ہیں جو زبان کو طہارت کے ساتھ برتتے ہیں۔ ایک کام چلاؤ زبان اظہار کا وسیلہ بن جاتی ہے لیکن جب اس میں گراوٹ آنے لگے اور وہ گراوٹ کسی مجبوری کے تحت قابل قبول بھی ہے تو زبان کے سچے ہمدردوں کے لئے گہری تشویش کا باعث بن جاتی ہے۔

گذشتہ پانچ سے دس برسوں کے دوران اردو اخبارات کو خبروں کی ترسیل کے لئے کئی ایجنسیاں سامنے آگئیں۔ چونکہ ان کے پاس اپنے وسائل نہیں ہیں اور اخبارات کے صفحات کا پیٹ بھرنا بھی مقصود ہے اس لئے کہیں سے بھی کوئی خبر حاصل کر کے اردو کے

قالب میں ڈھال دی جاتی ہے۔ ایک زمانہ تھا جب خبر کی تلاش میں دن بھر بھٹکتے تھے اورایک زمانہ ہے کہ خبریں پڑھنے والوں کی تلاش میں بادلوں میں بھٹکتی رہتی ہیں۔

ایک سے زیادہ ویب سائٹوں پر پل پل کی خبروں کی ترسیل ہوتی رہتی ہے۔ اردو اخبارات پہلے بھی اسی طرح سے اپنے صفحات کی شکم پوری کرتے تھے اور اب بھی کر رہے ہیں۔ پہلے الگ الگ اخبارات میں ترجمے ہوتے تھے اب ایک جگہ ہوتے ہیں یعنی کسی خبر رساں ایجنسی میں اور سبھوں تک ان کی ترسیل ہو جاتی ہے لیکن خبر رساں ایجنسیوں میں ایسے لوگ بیٹھے ہوئے ہیں جن کے لئے صحافت صرف حصول رزق کا ذریعہ ہے۔ انہیں نہ خبر کی نزاکت سے کوئی دلچسپی ہے نہ اس کی زبان کی بارے میں فکر مندی۔

سب سے بڑی آسانی اردو کے لئے سب سے بڑی قاتل بن رہی ہے۔ گوگل ٹرانسلیٹ کے ذریعہ خبروں کے کشتوں کے پشتے لگائے جاسکتے ہیں۔ اور کشتوں کے پشتے ہی لگ رہے ہیں۔ یا تو عجلت ہے یا عدم دلچسپی یا ناواقفیت یا پھر بے حسی۔ اسے چاہے جو نام دیجئے خبروں کی جو کاپی ایڈیٹر کے ہاتھ میں پہنچتی ہے اس میں بیمار کر دینے کی تمام خصوصیات موجود ہیں۔ مثال کے طور پر گوگل ٹرانسلیٹ کسی جملے کا اردو متبادل بنا دیتا ہے یعنی اگر کہیں یوجنا لکھا ہے تو اس کا متبادل منصوبہ ضرور بن جاتا ہے لیکن یوجنا کے ساتھ فعل کی جو جنس ہندی خبر کے متن میں ہوتی ہے وہی جنس منصوبے کے ساتھ رہ جاتی ہے۔ نتیجے میں جو اردو کا جملہ نکل آتا ہے وہ کچھ یوں ہے:

"متعدد منصوبے بنائی گئی ہیں۔"

افسوس کا مقام یہ ہے کہ کئی جگہوں پر یہی چھپتا بھی ہے۔ یہی قاری تک پہنچتا ہے اور قاری کے لئے اخبار سند ہے۔ ترقی سنگھ اور تصور دیوی جیسی مثالیں مطبوعہ ہیں اور ان مثالوں سے بھی ان لوگوں پر کوئی اثر نہیں پڑتا جو ایجنسیاں چلا رہے ہیں یا مشینی تجربے

سے مالی فائدہ اٹھانے کی کوشش کر رہے ہیں۔ یہ بہت ضروری ہے کہ اردو کی خدمت کرنے والے ہر ادارے کی مقدور بھر دستگیری کی جائے۔ جو سرکاری ادارے کروڑوں کا بجٹ لے کر چل رہے ہیں وہ اپنا بجٹ دوست نوازی اور غیر تخلیقی کاموں میں لٹانے کی بجائے ان اداروں کو مالی طور پر مستحکم کرنے کی کوشش کریں۔ جن سے زبان کا سیدھا تعلق بنتا ہے تو یہ ایک بڑی خدمت ہو گی۔

لیکن خبر رساں ایجنسیاں چلانے والوں کو بھی اس پر دھیان دینا ہو گا کہ وہ جو ایجنسی چلا رہے ہیں وہاں سے اردو میں خبروں کی ترسیل کو اپنا مقصد نہ بنائیں بلکہ اردو خبروں کی ترسیل پر دھیان دیں۔ زبان کے طہارت پسندوں کے لئے یہ شدید قسم کا فکر مندی کا لمحہ ہے جب ان کی زبان ان کی آنکھوں کے سامنے تباہ ہو رہی ہے اور وہ چاہ کر بھی کچھ نہیں کر سکتے۔

یہاں جو ذہنیت کار فرما ہے وہ یہ ہے کہ خبر اخبارات تک پہنچا دو۔ اس کے آگے کا کام ختم۔ اخبارات کا یہ عالم ہے کہ گذشتہ بائیس برسوں کے دوران ان میں سے بیشتر نے اپنا ادارتی شعبہ ہی ختم کر دیا۔ نہ ایڈیٹر مستقل بیٹھتا ہے نہ مترجم بیٹھتے ہیں نہ پروف ریڈروں کی ضرورت ہے۔ یعنی اخبار ایجنسی اور آپریٹروں کے بل پر نکل رہا ہے اور جس سے جتنا بن پڑ رہا ہے وہ معیاری زبان کو اتنا ہی شدید نقصان پہنچانے میں دل و جان سے لگا ہوا ہے۔ کوئی ایجنسی ایسی نہیں جو اس کی گرفت کرے۔

ڈی اے وی پی، آر این آئی اور جو دوسری انضباطی ایجنسیاں ہو سکتی ہیں ان میں ماہرین کا انتخاب سیاسی وابستگی کی بنیاد پر یا ذاتی تعلقات کی بنیاد پر ہوتا ہے۔ جو لوگ صاحبان اقتدار سے قریب ہیں وہ ہر ایسی جگہ پر موجود ہیں جس کے لئے وہ موزوں نہیں۔ اس کے باوجود سینہ پھلائے گردن اکڑائے کرسیوں پر بیٹھے ہیں۔ اور انکے دستخط کے

ساتھ زبان کو تباہ کرنے کا یہ عمل سرکاری نگرانی یا سرپرستی میں پوری شدت سے چل رہا ہے۔

اردو کے ادارے شدید بے حسی کے عالم میں ہیں جس سے نکلنے کی جدوجہد کرنے کا یہ آخری وقت ہے۔

The fall of the language of Urdu Journalism. Essay: Ash'har Hashmi

***

۴

حیات اللہ انصاری کی صحافتی خدمات

ڈاکٹر عشرت ناہید

ہندوستان میں صحافت کا آغاز جیمز آگسٹس ہکّی کے "ہکی بنگال گزٹ" سے ہوا۔ ان کا یہ انگریزی اخبار ۲۹، جون ۱۷۸۰ء میں کلکتہ سے شائع ہوا تھا اس کے تقریباً بیالیس سال بعد اردو کا پہلا اخبار "جام جہاں نما" ۲۷، مارچ ۱۸۲۲ء میں کلکتہ سے ہی جاری ہوا۔ یہ اخبار سدا سکھ لال نے جاری کیا۔ جو اتر پردیش کے شہر مرزا پور کے رہنے والے تھے۔ بر صغیر ہند میں جب اردو کو فارسی کے بعد سرکاری زبان کا درجہ حاصل ہوا تو اردو صحافت کا بھی عروج شروع ہوا تب سے اردو صحافت کے جو مراکز بنے ان میں لکھنؤ کو خاص اہمیت حاصل رہی ہے دہلی سے اردو کا پہلا اخبار شمس العلماء مولانا محمد حسین آزاد کے والد مولوی محمد باقر نے "دہلی اردو اخبار" نام سے ۱۸۳۷ء میں جاری کیا تھا۔ لکھنؤ کا پہلا اردو اخبار ۱۸۴۷ء میں لال جی کی ادارت میں "لکھنؤ اخبار" کے نام سے جاری ہوا اور مولوی محمد یعقوب انصاری فرنگی محل کی ادارت میں "طلسم لکھنؤ" شائع ہونے لگا تھا۔ اس کا تعارف کراتے ہوئے پروانہ رودولوی نے لکھا ہے۔

"لکھنؤ کا طلسم لکھنؤ ۱۸۵۶ء میں نکلا۔ جلد ہی اس کا شمار اہم اخباروں میں ہونے لگا۔ زبان مقفّیٰ و مسجع تھی۔ یہ اخبار لکھنؤ کی تہذیب و معاشرت کا عکاس تھا اس کی ایک خبر

ملاحظہ کیجئے۔ "لکھنؤ میں سنیچر آیا ہے چوروں نے ہنگامہ مچایا ہے، جو سانحہ ہے عجائب ہے، آنکھ جھپکی پگڑی غائب ہے۔

میر صاحب زمانہ نازک ہے۔ دونوں ہاتھوں سے تھام لو دستار۔"[۱]

۱۸۵۸ء میں منشی نول کشور نے لکھنؤ سے "اودھ اخبار" کا اجراء کیا جو پورے ملک کا مشہور و مقبول اخبار بن گیا تھا۔ اس خبار کو سر سید احمد خاں کی تحریک پر روزنامہ بنا دیا گیا تھا۔ اس سے وابستگان میں صحافت اور علم و ادب کی نامی گرامی ہستیاں شامل رہی ہیں۔ پنڈت رتن ناتھ سرشار، مولوی غلام علی خاں تپش، مولوی عبد الحلیم شرر، مرزا حیرت علی دہلوی، مولانا محمد حسین شوکت، سید امجد علی اشہری، مولانا جالب دہلوی وغیرہ ان میں نمایاں تھے۔ لکھنؤ کی اردو صحافت کے اس ابتدائی دور میں یوں تو بہت سے اخبارات جاری ہوئے اور اپنی اہمیت منواتے رہے مگر تاریخ میں "اودھ اخبار" کے ساتھ جس اخبار کا وقیع حوالہ ملتا ہے وہ ہے منشی سجاد حسین کا مزاحیہ اخبار "اودھ پنچ" جو ۱۸۷۷ء میں جاری ہوا تھا ان دونوں اخباروں نے صحافت اور ادب کی نئی راہیں بھی ہموار کرنے کا اہم فریضہ ادا کیا۔ صحافت کی نئی زبان بھی انہی کی مرہون منت رہی ہے۔

ملک کی سیاست اور عوام کو درپیش مسائل پر شعوری طور پر غور و فکر کرنے کے لیے عوام کو آمادہ کرنے کا کام اس اخبار نے کیا اور تعمیری انداز فکر کی وجہ سے پورے ملک میں اردو صحافت کو اعلیٰ مقام بھی ملا، بنگال سے مولانا ابو الکلام آزاد کا "الہلال" پھر "البلاغ" اور پھر رامپور سے مولانا محمد علی کے "ہمدرد" کے علاوہ مولانا ظفر علی خاں کے اخبار "زمیندار" اور حسرت موہانی کے اردوئے معلّٰی "مہاشہ کرشن کے پرتاپ"، سردار دیوان سنگھ مفتوں کے "ریاست" مہاشہ خوشحال چند کا "ملاپ"، مولانا عبد الماجد دریا آبادی کے "صدق" مولانا مودودی اور مولانا فارقلیط، عبد الوحید صدیقی وغیرہ کے عہد

میں الجمیعتہ کافی مشہور و مقبول رہے ہیں۔ ان اخبارات نے جو اردو صحافت کی تاریخ مرتب کی اسی کی بنا پر آزادی ہند کی تحریک چلانے والوں نے بھی اس کی طرف توجہ دی۔ سب سے بڑی اور فعال قوم پرست جماعت کانگریس نے بھی اردو اخبار کی ضرورت کو شدت سے محسوس کیا اور اپنے افکار و خیالات کو عوام تک پہچانے کی غرض سے پنڈت جواہر لال نہر کی سرپرستی و قیادت میں ممتاز رہنما رفیع احمد قدوائی کے تعاون سے روزنامہ "قومی آواز" کے اجراء کا فیصلہ کیا گیا۔ ۱۹۴۴ء میں یہ روزنامہ لکھنؤ سے جاری ہوا۔ حیات اللہ انصاری کو اس اخبار کے ایڈیٹر کی ذمہ داری سونپی گئی۔ اس سے قبل حیات اللہ انصاری ہفت روزہ "ہندوستان" کے ایڈیٹر کی حیثیت سے اپنا نام اور مقام بنا چکے تھے۔ اس کے علاوہ جدوجہد آزادی سے ان کی وابستگی اور صحافت سے دلچسپی نے بہت جلد اس اخبار کو ایک اہم مقام دلا دیا۔ انہوں نے بے لاگ اور جرأت مندانہ اداریہ لکھے۔ جب حکومت نے جدوجہد آزادی کے خلاف تادیبی کارروائیاں کیں تو نیشنل ہیرالڈ اور دوسرے اخبارات کے ساتھ ان کی باغیانہ تحریروں کی وجہ سے "ہندوستان" بھی بند کر دیا گیا تھا۔

حیات اللہ انصاری نے اپنے عہد کی اردو صحافت کا گہرا مطالعہ کرنے کے بعد روز نامہ "قومی آواز" کے ذریعے اردو صحافت کو بلند معیار عطا کرنے کا منصوبہ بنایا اور اپنے رفقاء کار کے مخلصانہ تعاون کے ساتھ قومی آواز کی اشاعت میں نہ صرف اضافہ کیا بلکہ اس کے ذریعے اردو صحافت کا ایک معیار قائم کیا۔

اس وقت تک اردو کے اخبارات ۳۰x۲۰ سائز پر چھپتے تھے۔ حیات اللہ انصاری نے اس سائز کو تبدیل کیا انہوں نے "قومی آواز" کو انگریزی اخبارات کے سائز ۳۶x۲۲ پر شائع کیا۔ اس کے کالموں کو بھی بین الاقوامی معیار عطا کیا یعنی آٹھ کالم پر کتابت کرائی

گئی جو اس کے سائز کے لیے موزوں و مناسب تھی اس سے اخبار کی خوبصورتی میں بھی اضافہ ہوا اور اردو اخبارات کے لیے ایک معیار بھی اس طرح قائم کر دیا گیا کہ ہر کالم کی چوڑائی ۲/۱ ۴ سینٹی میٹر طے کی گئی جو اب تک تقریباً تمام نمایاں اور اچھے اخبارات میں رائج ہے یہ انقلابی قدم اردو اخبارات میں سب سے پہلے قومی آواز نے ہی اٹھایا تھا جو اس عہد میں شائع ہونے والے تمام اخبارات سے یکسر علیحدہ تھا۔ اس کے ذریعے اردو اخبارات کا انداز ہی نہیں اسلوب نگارش بھی بدل گیا۔

صحافت کے فن میں جدید ہیئتی تجربے بھی خوب کیے گئے اور زبان و بیان کا انداز بھی دیکھتے ہی دیکھتے بدلنے لگا۔ اردو میں ان کا یہ تجربہ نہایت کامیاب ثابت ہوا اور دیگر اخبارات کے لیے مشعل راہ بھی بنا کسی بھی واقعہ یا خبر کو لفاظی یا غیر ضروری طوالت کے ساتھ پیش کرنے کے بجائے کم سے کم الفاظ میں من و عن عوام کے سامنے لانے کی سعی کی گئی اور یہ عمل اس خوبی کے ساتھ ہوا کہ قاری کا تجسس بھی خبر کے اس حقیقی نقطہ تک نہایت آسانی سے مرکوز ہونے لگا جب کہ ان سے قبل اخبارات کی خبریں قاری کو متن تک پہنچنے سے پہلے ہی اکتاہٹ میں مبتلا کر دیتی تھیں۔ حیات اللہ انصاری نے ایڈیٹر یا ادارے کی اپنی رائے کے اظہار کے لیے ادارتی نوٹ کو بھرپور دلائل اور تنقیدی تجزیہ کے ساتھ پیش کرنے کی روایت قائم کی۔ حیات اللہ انصاری کی سیاسی بالغ نظری اور سماج کے گہرے مشاہدے کی وجہ سے ان کے ادارے پڑھنے والوں کو اپنے طور پر رائے قائم کرنے میں بھی مددگار ثابت ہوتے تھے۔ اداریہ لکھنے سے پہلے وہ خود کافی غور و فکر کرتے تھے۔ ان کے اداریوں سے اردو داں طبقے پر بے حد اثر بھی ہوتا تھ۔ انجمن ترقی اردو کے جنرل سیکریٹری ممتاز ناقد اور ادیب پروفیسر خلیق انجم ان کی بے باک صحافت کا اعتراف کرتے ہوئے لکھتے ہیں۔

"صحافت میں بے خوف ہو کر اور نڈر ہو کر اپنی بات کہنے والے حیات اللہ انصاری صاحب ہی تھے۔ مجھے قومی آواز کا ایک بہت پرانا فائل مل گیا ہے اس کے مطالعے سے پتہ چلتا ہے کہ حیات اللہ انصاری صاحب اس زمانے میں سچائی کا راستہ نہیں چھوڑتے تھے۔ وہ کانگریس سے بھی اختلاف کرتے ہوئے نہیں ڈرتے تھے۔"[۲]

اس زمانے میں قومی آواز جیسے معیار کے اخبار نہیں نکلتے تھے ایسے ماحول میں صحافت کو نئی سمت دینا اور اردو صحافت کو ایمانداری و سچائی کے راستے پر گامزن کرنا دشوار امر تھا۔ مگر حیات اللہ انصاری نے یہ عملی طور پر کر کے دکھا دیا خلیق انجم اپنے اسی مضمون میں آگے لکھتے ہیں۔

"قومی آواز پنڈت جواہر لال نہرو کا اخبار تھا ظاہر ہے کہ پنڈت جواہر لال نہرو جی سے کون اختلاف کر سکتا تھا مگر حیات اللہ انصاری صاحب برملا ان سے بھی خود قومی آواز میں اختلاف کرتے تھے ان کے اختلاف کرنے کا مطلب یہ تھا کہ نوکری جا سکتی تھی مگر انہوں نے رسک لیا اور جواہر لال نہرو چونکہ خود بھی جمہوری مزاج رکھتے تھے اس لیے انہوں نے بھی ہمیشہ وسیع القلبی کا مظاہرہ کیا۔"[۳]

روزنامہ قومی آواز کے اداریہ تحریر کرنے میں انصاری صاحب نے گہرے غور و فکر کے ساتھ پیش کش کے انداز کو بھی دلکش، دلچسپ اور پرکشش بنایا۔ ادارے کی پیشانی پر ایک موزوں شعر بھی لکھا جانے لگا جو پڑھنے والے کو اداریہ کی پوری تفسیر کا مزہ دے دیتا تھا اور یہ انداز آج بھی قومی آواز کے اداریوں کا طرۂ امتیاز ہے برسہا برس تک معقول اور موزوں اشعار سے مزین اداریوں کو حیات اللہ انصاری نے اپنے وسیع ذوق ادب باریک بینی اور تخلیقی صلاحیتوں سے بڑی افادیت کا حامل بنایا ہے۔ ہزاروں کی تعداد میں اشعار اپنے معنوں کی مقبولیت کے ساتھ استعمال ہو کر اپنی انفرادیت کا لوہا پڑھنے والوں سے

منواتے چلے آئے ہیں۔ ممتاز صحافی گر بچن چندن نے قومی آواز کے اداریوں کے سفر نامے کے طور پر شعر کے استعمال پر اظہارِ خیال کرتے ہوئے لکھا ہے۔

"ہر ادارے پر اس کے مفہوم کی نمائندگی کرنے والے معیاری شعر کی جدت بھی قارئین کے لیے ایک تحفۂ تخیل تھی۔ لوگ سارا سارا دن اس کا چرچا کرتے رہتے تھے۔ چنانچہ کئی لوگ اکثر شعر سے ایڈیٹوریل کی یاد دلاتے تھے۔ مشرقی پاکستان مرحوم سے جب فرار شروع ہوا تو ایک صاحب حیات اللہ انصاری کو بمبئی میں ملے اور کہا کہ آپ نے مہاجروں کی حالت پر جو ایڈیٹوریل لکھا تھا اس کی پیشانی کے شعر نے سب کچھ کہہ دیا تھا وہ شعر تھا

فانی ہم تو جیتے جی وہ میت ہیں بے گور و کفن
غربت جس کو راس نہ آئی اور وطن بھی چھوٹ گیا۔[۴]

موقع و محل کے لحاظ سے ہر روز ایک فکر انگیز شعر اداریہ کے ساتھ پیش کر دینے کی روایت قومی آوز کے ایڈیٹر حیات اللہ انصاری نے اردو صحافت کو عطا کی تھی جواب تک جاری ہے۔

اردو صحافت کے لیے جس مثالی اور معیاری زبان کا استعمال قومی آواز میں کیا گیا وہ صحیح معنوں میں روز مرّہ استعمال میں آنے والی یا ہماری مانوس ترین آسان زبان ہی رہی ہے جو استدلال سے پر اور توازن کی حامل رہی ہے واقعہ یا خبر سے متعلق معلومات پوری بصیرت کے ساتھ بغیر کسی ذہنی الجھن کے ذہن میں سما جاتی ہے اردو صحافت کو رابطہ عامہ کے لیے ایسی ہی سادہ و آسان زبان کی سخت ضرورت تھی حیات اللہ انصاری کی اس خوبی کا اعتراف کرتے ہوئے ممتاز صحافی اظہار احمد لکھتے ہیں۔

"ایک صحافی کی حیثیت سے حیات اللہ انصاری امر ہیں۔ انہوں نے پوری اردو

صحافت کو ایک نیا موڑ دے دیا ہے اور اسے ایک نئی تازگی سے آشنا کیا۔ مہذب اور تعلیم یافتہ اردو داں طبقے کے ہاتھ میں ایک ایسا صحافتی مرقع پیش کر دیا جس کے لیے اردو دنیا ہمیشہ ہی ان کی احسان مند رہے گی۔"۵۔

حیات اللہ انصاری نے محض رواداری میں یا جدت طرازی کے نمونے دکھانے کی دھن میں یہ اختراعی کوشش نہیں کی بلکہ سوچ سمجھ کر پورے شعور و فکر کے ساتھ اسے اختیار کیا اور وہ اس میں کامیاب بھی ہوے۔ حیات اللہ انصاری کے قلم بند کیے ہوئے اداریوں کا انداز اور لب و لہجہ تھا جو اردو صحافت میں ان کے قلم کے ذریعے پروان چڑھا اور صحافتی زبان میں ہنر مندی کے ساتھ پیش ہوا اور بہتر نتائج کا حامل قرار پایا انہوں نے عربی اور فارسی کی اصطلاحات جو اردو اخبارات میں بے تکلف رائج تھیں ان پر اصلاحی نقطۂ نظر سے روک لگائی۔ پیچیدہ اور بوجھل جملوں کا استعمال شعوری طور پر بند کیا اور ان کی جگہ سادہ عام فہم اردو کے الفاظ استعمال کیے۔ سکہ رائج الوقت کی طرح جانے پہچانے انگریزی کے الفاظ بھی بلا تکلف استعمال کیے مثلاً کونسل ہاؤس، پارلیمنٹ، سکریٹریٹ وغیرہ۔ اس پر ایک زمانہ میں مولانا عبد الماجد دریا آبادی نے اعتراضات بھی کیے حیات اللہ انصاری نے ان کے جواب میں صاف طور پر کہا کہ وہی زبان زندہ رہ کر ترقی کرتی ہے جو نئے الفاظ اور اصطلاحات کو سلیقے سے برت کر اپنے ذخیرہ میں متواتر اضافہ کرتی رہتی ہے انہوں نے ہندی کے لاتعداد الفاظ بھی بے محابا اردو میں استعمال کیے اور اردو املا میں اصلاح کی کوشش جاری رکھی۔ کل ہند انجمن ترقی اردو کی کانفرنس میں ان اصلاحی اقدامات پر مدلل خیال آرائی کی اور مضامین و مقالے پڑھ کر انھیں منوایا بھی۔ حیات اللہ انصاری کی اصلاحات کو انجمن نے بھی نہ صرف تسلیم کیا بلکہ اس کو برتنے کی سفارش بھی کی۔

قومی آواز سے پہلے خبروں کی سرخیاں بہت طول وطویل اور جلی عبارت میں لکھی جاتی تھیں اس کی وجہ سے اخبار کے ایک صفحے پر بمشکل چار پانچ خبریں چھپ سکتی تھیں۔ حیات اللہ انصاری نے اس کے اصول مقرر کیے اور ایک صفحے پر سرخیاں لکھنے کا طریقہ قائم کرکے دس سے بارہ خبریں شائع کرنے کا فارمولا رائج کیا۔ سرخیوں اور خبروں کے الفاظ کی تعداد کا تعین کیا اگر پانچ سطر کی خبر ہے تو یک کالمی سرخی ہوگی، پورے صفحے کو آٹھ کالموں میں تقسیم کیا ان میں خبروں اور سرخیوں کے اصول مرتب کرکے رائج کیے۔ تصاویر اور کارٹون کے لیے مقام اور کالم مخصوص کیئے گئے اور ان پر بھی سختی سے عمل جاری رکھا جانے لگا۔ یک کالمی سرخی میں پانچ الفاظ، دو کالم والی سرخی میں سات الفاظ اور تین کالمہ سرخی میں نو الفاظ اسی طرح چار کالم والی سرخی میں گیارہ الفاظ لکھنے کا طریقہ بنایا گیا جو آج قومی آواز ہی میں نہیں دوسرے معیاری اردو اخبارات میں بھی رائج ہے۔

حیات اللہ انصاری نے سیاسی، سماجی علمی، ادبی ہر نوعیت کی خبروں کے لیے اخبار کے صفحات میں مناسب اور موزوں جگہیں مقرر کیں۔ جس سے اخبار کی خوبصورتی میں بھی اضافہ ہوتا گیا۔ خبروں کے علاوہ علمی وادبی مباحث بھی اندورنی صفحات پر شروع کیے گئے۔ جس سے ذوق ادب کی ترویج میں مدد ملی اور صحافت کے ذریعے ادب کو زیادہ اہمیت ملنے لگی۔ انہوں نے فراق گورکھپوری، جوش ملیح آبادی، ڈاکٹر رشید جہاں، سید سجاد ظہیر وغیرہ جیسے نامور صاحب قلم ادیبوں کو اور دوسرے اچھے لکھنے والوں کو قومی آواز کے قلمی معاونین میں شامل کر رکھا تھا۔ شعبہ ادارت میں انہوں نے جن اہم افراد کو جمع کیا تھا ان میں احسن کلیم، باقر رضوی، وجاہت علی سندیلوی، منظر سلیم احمد جمال پاشا، عابد سہیل، قیصر تمکین، عشرت علی صدیقی، متین الزماں، حبیب احمد قدوائی، مجیب سہالوی، مشتاق پردیسی، عبد الغنی وغیرہ ادیب وصحافی بہت مشہور و مقبول رہے ہیں۔ ان کی سچائی

ہوئی انجمن کارکن بذات خود ایک ادارے کی حیثیت کا حامل بن کر ابھرا ہے۔ علم و ادب، تہذیب و تمدن کی جمہوری فضا کو سنوارنے نکھارنے میں قومی آواز نے جو رول ادا کیا ہے وہ اردو صحافت کی تاریخ کا اہم اور روشن باب ہے۔

حیات اللہ انصاری نے قومی آواز میں ادبی و مذہبی، علمی موضوعات پر مباحث کے سلسلے بھی چلائے جن میں فنون و ادب سے وابستہ دانشوران مباحث میں حصہ لینے لگے ادبی اور مذہبی موضوعات پر مقالے اور مباحث کا اہتمام کیا پوری ردّ و قبول کی کیفیات سے گذارنے کے بعد کسی بڑے عالم یا دانشور سے اختتامی فیصلہ کرانے کا دلچسپ اور دلپذیر سلسلہ بھی رائج کیا اور اس طرح معرکہ آرائیوں اور مباحثہ کا اختتام ہوتا تھا۔

اردو کے روزناموں میں ادبی ضمیمے یا صفحات کا رواج نہیں تھا۔ قومی آواز میں حیات اللہ انصاری نے اس سلسلے کا آغاز کیا جو بے مقبول ہوا۔ طول طویل مضامین اور آپ بیتی وغیرہ کو بالاقساط چھاپنے کا سلسلہ بھی انہی کی دین ہے۔ اس کا اعتراف کرتے ہوئے سہیل وحید اپنی کتاب صحافتی زبان میں لکھتے ہیں۔

"روزنامہ اخبار کے علاوہ ہر ہفتے میگزین پیش کرنے میں بھی قومی آواز کو اولیت حاصل ہے اس سے قبل ہفتہ واری میگزین کا اردو روزناموں میں رواج نہیں تھا اس کا ہفتہ واری میگزین "ضمیمہ" بہت مقبول ہوا اور ایک زمانہ تھا جب اس کے ضمیمہ میں چھپنا کسی بھی قلم کار کی معراج ہوا کرتی تھی۔ ناولوں اور آپ بیتی کو سیریالائز کرنے کا آغاز بھی قومی آواز نے کیا۔ رشید احمد صدیقی کی مشہور تصانیف "آشفتہ بیانی میری" اور "عزیزان علی گڑھ کے نام" سب سے پہلے اسی میں سیریل کے طور پر شائع ہوئیں۔"٦ے

قومی آواز کے کچھ مستقل کالموں نے بھی شہرت حاصل کی مثلاً "تراشے"، ادبی ورق، شہر نامہ، کتابوں کی باتیں، فروگذاشت، فلم ریویئوں، گلوریاں، دنیا کا حال اور بچوں

کا گوشہ وغیرہ۔

"تراشے"عنوان کے تحت اردو کے دوسرے اخبارات کے وقیع اداریے نقل کیے جاتے تھے۔ افکارِ مضامین کے عنوان سے بھی دوسرے اخبارات کے مضامین نقل کیے جاتے تھے۔

"ادبی ورق"کے تحت ادبی محفلوں، ادبی تقاریب، مشاعروں وغیرہ پر مبنی رپورٹیں، تبصرے، روداد یں وغیرہ تفصیل کے ساتھ شائع کی جاتی تھیں۔ مشاعروں کے منتخب اشعار بھی شامل رہتے تھے جو کافی بڑے حلقوں میں پسند کیے جاتے تھے۔

شہر نامہ میں شہری زندگی کے مختلف النوع مسائل پر روشنی ڈالی جاتی تھی اور عوامی ضرورتوں کی وضاحت کر کے متعلقہ محکموں کی توجہ ان امور پر مبذول کرانے کی کوششیں بھی کی جاتی تھی۔

اردو میں چھپنے والی نئی اور پرانی کتابوں پر سیر حاصل تبصرے"کتابوں کی باتیں"عنوان سے شائع کیے جاتے تھے یہ سلسلہ بھی علمی وادبی حلقوں کی براہِ راست توجہ کا مرکز تھا۔

قومی آواز کا "فروگذاشت"کالم بھی بڑا مقبول کالم تھا اس کو مفتی محمد رضا انصاری لکھتے تھے۔ "دنیا کا حال"اس کالم کو پہلے ڈاکٹر عبد العلیم لکھتے تھے اور کچھ عرصے کے بعد سے اس کو عشرت علی صدیقی لکھنے لگے اور پھر یہ عشرت علی صدیقی کا خاص کالم بن گیا جو عرصۂ دراز تک جاری رہا اور ہر طبقے میں پسند کیا جاتا رہا۔

فلم ریویو کے ذریعے نئی فلموں پر تبصرے اور نت نئے ڈھنگ سے خیال آرائی کی جاتی تھی فلم بین حلقوں میں اس کو بھی بے حد مقبولیت حاصل رہی ہے۔

"گلوریاں"فکاہی کالم تھا اس کو بہت عرصے تک خود حیات اللہ انصاری نے لکھا پھر

مجیب سہالوی، مشتاق پردیسی وغیرہ لکھتے رہے۔ یہ بھی عوامی پسند کا مقبول کالم بنا رہا۔

"عالم اسلام" بھی قومی آواز کا بے حد مقبول کالم رہا ہے اس کو مولانا محمود الحسن ندوی لکھا کرتے تھے اور اسلامی حلقوں میں کافی پسند بھی کیا جاتا تھا طبی معلومات پر بھی ایک کالم قائم کیا گیا تھا۔

اسی طرح خواتین کی توجہ قومی آواز کی طرف مبذول کرانے کے لیے انہوں نے ایک تحریک کا آغاز کیا اور قومی آواز میں خواتین کے لیے جگہ مخصوص کی۔ اس کے اثرات عورتوں پر ایسے مرتب ہوئے کہ حیات اللہ انصاری کی بیوی سلطانہ حیات ان کی ہم عصر رضیہ سجاد ظہیر اور دیگر خواتین اہلِ قلم کے تعاون سے ایک تنظیم "بزمِ خواتین" کا قیام عمل میں آیا جس سے عورتوں کی تخلیقی صلاحیتیں ابھر کر سامنے آئیں اور اہلِ قلم خواتین کا کافی بڑا حلقہ بنتا گیا۔

عام پڑھنے والوں کو اخبار سے جوڑنے کے لیے "مراسلات" کا کالم قائم کیا اور اس میں اظہار رائے کی آزادی کا خاص خیال رکھا گیا۔ مخالفانہ مراسلے بھی پوری نیک نیتی کے ساتھ شائع کیے اور ان کے جوابات بھی چھاپے نصرت پبلشر کے مالک نامور ادیب عابد سہیل بھی قومی آواز میں حیات اللہ انصاری کے ساتھ اسٹاف میں شامل تھے بلکہ ان کا تقرر ہی ان کی صلاحیت دیکھ کر حیات اللہ انصاری نے کیا تھا وہ اپنے ایک مضمون "کچھ یادیں کچھ باتیں" میں لکھتے ہیں۔

"حیات اللہ انصاری صاحب نے کمیونسٹ پارٹی کو اردو دشمن اور مسلم دشمن ثابت کرنے کی کوشش کر کے ایک نہایت سخت اداریہ لکھا۔ بلکہ شاندار مسلسل اداریے لکھے۔ میں نے دفتر میں ہی بیٹھ کر اس کا نہایت سخت جواب لکھا اور پارٹی کی شہر کی شاخ کے سکریٹری بابو خاں کو لے کر حیات اللہ انصاری صاحب کے کمرے میں گیا اور وہ مراسلہ

ان کو دیتے ہوئے میں نے کہا۔ "بابو خاں صاحب نے یہ مراسلہ آپ کے اداریے کے سلسلے میں لکھا ہے" حیات اللہ انصاری صاحب نے جنہیں شاید اس بات کا علم ہو چکا تھا کہ جواب میں نے لکھا ہے "یہ تو آپ کی تحریر ہے" "لیکن حالات تو بابو خاں صاحب کے ہیں" "میں نے جواب دیا۔ وہ مسکرائے اور مراسلہ کے صفحات الٹ پلٹ کر دیکھنے لگے۔ "بھائی یہ بے حد طویل ہے" "آپ کے اداریے کیا کم" "اچھا اچھا دیکھوں گا" انہوں نے کہا اور گفتگو ختم کر دی اگلے دن یہ مراسلہ قومی آواز میں من وعن شائع ہوا۔"ے

اردو اخبارات لیتھو پر چھپتے تھے قومی آواز بھی لیتھو پریس میں ہی چھپنا شروع ہوا۔ اردو اخبارات میں تصاویر کی اشاعت سے حتی الامکان گریز کیا جاتا تھا کیوں کہ ان میں تصاویر ایسی شائع ہوتی تھیں کہ صاحب تصویر کے چہرے کے شناخت دشوار ہو جاتی تھی۔ حیات اللہ انصاری نے لیتھو پریس کی چھپائی کے طریقے کا جائزہ لے کر اس کے بہتر امکانات پر پوری توجہ دی اور یہ معلوم کر لیا کہ چھپائی کا کام کرنے والے لوگ اکثر بغیر پڑھے لکھے ہوئے ہیں اخبار کا عملہ مشینوں کے کام سے کوئی دلچسپی نہیں رکھتا۔ کاتب جو کتابت کر کے دیتا اسے مروجہ طریقوں پر منتقل کر کے چھپائی کی جاتی تھی جب پریس اور اس کے عملے میں حیات اللہ انصاری نے دلچسپی لی تو انہوں نے یہ بھی دیکھا کہا اپنی لیتھو پریس میں اٹلس، نقشے اور پوسٹر وغیرہ کافی خوبصورت انداز میں مختلف رنگوں کے استعمال کے ساتھ چھپتے ہیں اور ان کی خوبصورتی وچھپائی کے لیے اچھے آرٹسٹ بھی مل جاتے ہیں اور اس کے ساتھ ہی مختلف رنگوں کی روشنائیوں کا استعمال وہ لوگ جس حسن و خوبی کے ساتھ پریس کے دباؤ اور جماؤ کے ذریعے انجام دیتے ہیں اور یہ طریقہ ان کی چھپائی کو دیدہ ذیب بنا دیتا ہے حیات اللہ انصاری نے ان تجربات کو قومی آواز کے لیے کرنا شروع کیا۔ اچھے اور پڑھے لکھے کاریگر پریس میں لائے اور اس کے ذریعے قومی آواز

کو بہتر طباعت سے آراستہ کیا ان کا یہ تجربہ کامیاب رہا اور بہت جلد ہاف ٹون کی تصاویر قومی آواز میں اتنی اچھی چھپنے لگیں کہ انگریزی اخبار نیشنل ہیرالڈ میں بلاک پر چھپنے والی تصاویر سے زیادہ صاف ستھری اور خوبصورت نظر آنے لگیں۔ ملک بھر میں قومی آواز کی طباعت کے حسن کو نہ صرف سراہا گیا بلکہ ملک کے دوسرے حصوں سے اور لاہور و پاکستان سے شائع ہونے والے اخبارات سے قومی آواز کے طریقۂ کار کو سمجھنے کے لیے لکھنؤ تک آئے۔ اس طرح حیات اللہ انصاری نے قومی آواز کو اپنے عہد کے جدید ترین بین الاقوامی اخبارات سے ہم آہنگ کر دیا اور بقول اظہار احمد

"انہوں نے واقعی اردو طبقے کو انگریزی اخبار سے بے نیاز کر دینے کا عظیم کارنامہ انجام دیا۔"۸ے

صحافت کے معیار کو بلند کرنے میں حیات اللہ انصاری نے جو جدوجہد کی اور جو نت نئے تجربات کیے اسی کے سبب ملک بھر کے مقتدر اہلِ قلم اور دانشور قومی آواز سے وابستہ ہوتے گئے ان کے عہد میں صفِ اول کے لکھنے والے قومی آواز میں لکھتے بھی رہے اس کی تحریری جدوجہد میں شریک بھی ہوتے رہے ہیں اس طرح قومی آواز بیشتر معاملات میں اردو کا سب سے اچھا اور معیاری اخبار بنتا چلا گیا حیات اللہ انصاری اور ان کی ادارت میں چھپنے والے اس اخبار قومی آواز نے مقبولیت کی تمام منزلیں طے کر لیں اردو صحافت کو اس کا یہ فائدہ ہوا کہ بعد میں نکلنے والے اخبارات اور ہم عصر اردو اخبارات کو ایک جدید نوعیت کا مثالی اخبار بہ آسانی مل گیا۔ "صحافتی زبان" پر تحقیقی مقالہ لکھنے والے سہیل وحید نے اردو کے اخبارات پر قومی آواز کے اثرات کا جائزہ لیتے ہوئے لکھا ہے

"مجموعی طور پر یہ کہا جا سکتا ہے کہ قومی آواز نے جن صحافتی اصولوں کی داغ بیل ڈالی اور جو معیار صحافت کا پیش کیا جس جدید صحافتی زبان کو متعارف کرایا اس کا اثر ضرور

پڑا اور ایسا نہیں کہ ان اخباروں نے بھی جنہوں نے قومی آواز کا طرز اختیار نہیں کیا انہوں نے بھی قومی آواز سے کچھ چیزیں ضرور مستعار لیں وہ چاہے اداریہ لکھنے کا انداز ہو یا کالم نویسی۔ اور ان چیزوں کی پیش کش کے طریقے یا پھر کچھ نہیں تو مضامین کے موضوعات ہی۔"۹۔

قومی آواز کی ایک بڑی خصوصیت یہ بھی رہی کہ اس اخبار نے قوم پرست حلقوں بالخصوص مسلمانوں میں مسلم لیگ یا کمیونسٹ پارٹیوں کے نظریات کے بر خلاف سیکو لرزم اور سوشلزم کے خیالات اور نظریات کو نہ صرف مدلل طریقے پر پھیلایا بلکہ بڑی حد تک اس کو مقبول عام بنانے میں بھی سرگرم حصہ لیا اس معاملے میں حیات اللہ انصاری نے کانگریس میں شامل ان تمام عناصر کو بھی بے نقاب کیا جو فرقہ پرستی یا انتہا پسندی کی طرف ملک کو دھکیل دینا چاہتے تھے۔ سرمایہ پرستی کے خلاف عوامی ذہن کو بیدار کرنے کا مہاتما گاندھی اور مولانا ابوالکلام آزاد کا بتایا ہوا راستہ جو سودیسی اور سوشلزم پر مبنی تھا۔ جس کے نمائندہ پنڈت جواہر لال نہرو تھے اس کو عوام میں مقبول بنایا تقسیم ہند کے بعد مسلمانوں میں مایوسی خوف وہراس کا احساس گھر کر گیا تھا قومی آواز کے کالموں کے ذریعے حیات اللہ انصاری نے اس احساس کو کم کرنے اور قوم کو حالات کے مطابق صبر و تحمل کے ساتھ پوری ہوشمندی جرأت اور بے باکی کے ساتھ امید اور بہتر امکانات کی طرف موڑنے کی بھرپور کوششیں کیں۔ قومی آواز کے ذریعہ علاوہ ازیں انھوں نے لکھنؤ میں مسلم کانفرنس منعقد کرائی جس کو مولانا ابو الکلام آزاد جیسے جلیل القدر مفکر نے اپنے ولولہ انگریز خطاب سے حیات نو بخشی۔ مولانا آزاد کی بصیرت افروز تقریر نے مسلمانوں میں زندگی کی نئی روح پھونکی جس کا قومی آواز روز اول سے ہی نقیب بنا ہوا تھا اس کانفرنس کے بعد فرقہ پرستی کے خلاف محاذ جنگ کو اور تیز کر دیا گیا۔ رفیع احمد قدوائی اور پنڈت

جواہر لال نہرو کی سیاسی سوجھ بوجھ اور حیات اللہ انصاری کے قومی آواز کے اداریوں نے ملک وملت کے حالات میں لائق تحسین تبدیلیاں پیدا کر دیں اس لحاظ سے بھی قومی آواز اور حیات اللہ انصاری کی بالغ نظری اور رہنمائی کا اعتراف پورے ملک میں کیا جاتا رہا ہے۔ دہلی، حیدرآباد، کلکتہ اور دوسرے مقامات سے شائع ہونے والے مسلم اخبارات میں جانبداری کا رجحان کار فرما تھا تو قومی آواز غیر جانبدار، نیشنلسٹ اخبار ہونے کی وجہ سے زیادہ پر اثر رول ادا کر رہا تھا۔ فرقہ وارانہ فسادات کا معاملہ ہو یا پھر اردو کے مخالف ذہنوں کو بے نقاب کرنے کا کوئی موقع قومی آواز نے انھیں کبھی نظر انداز نہیں کیا۔ اردو کی بقا اور ترقی کے لیے ان تھک کوششیں کیں اور اس کے ساتھ برتی جارہی ناانصافی کے خلاف آواز بلند کی، پر امن اور آئینی محاذ کھولے، ڈاکٹر ذاکر حسین اور قاضی عبد الغفار جیسے مقتدر قوم پرستوں کے ساتھ مل کر اردو کی دستخطی مہم خود اور اپنے رفقاء کے بل بوتے پر پوری ریاست اتر پردیش میں چلائی اور ۲۲ لاکھ دستخطوں کے ساتھ محضر نامہ صدر جمہوریہ ہند کی خدمت میں پیش کیا۔ اس تحریک کو بھرپور عوامی حمایت دلانے میں قومی آواز کی خدمت بھی ناقابل فراموش رہی ہے۔

اردو صحافت کی تاریخ لکھنے والے قومی آواز کی خدمات اور حیات اللہ انصاری کے کارناموں کو ہمیشہ عزت واحترام کے ساتھ یاد رکھے گی۔ بے شک حیات اللہ انصاری نے اردو صحافت کو نئی سمت و رفتار عطا کی تھی اور اسے ہندوستان کی دوسری زبانوں کے مقابلے میں کہیں زیادہ ترقی یافتہ بنا کر بین الاقوامی معیار پر لا کھڑا کیا تھا جو ظاہر ہے کہ ان کا ایک بے مثال کارنامہ ہے۔

حواشی

ا: اردو صحافت اور لکھنؤ۔ پروانہ رودولوی۔ مطبوعہ نیا دور فروری مارچ ۱۹۹۴ ص ۲۵

۲: اردو صحافت اور قومی آواز، خلیق انجم معلم اردو حیات اللہ انصاری نمبر جنوری، ۱۹۸۶ شمارہ ۴۵ ص۔۱۹

۳: اردو صحافت اور قومی آواز، خلیق انجم معلم اردو حیات اللہ انصاری نمبر جنوری، ۱۹۸۶ شمارہ ۴۵ ص۔۱۹

۴: اردو صحافت میں حیات اللہ انصاری کی پہل کاریاں۔ گر بچن چندن مطبوعہ ماہنامہ کتاب نما نومبر ۱۹۴۶

۵: اظہار احمد معلم اردو حیات اللہ انصاری نمبر جنوری، ۱۹۸۶ شمارہ ۴۵ ص۔۱۵

۶: صحافتی زبان، سہیل وحید اعلیٰ پریس، دہلی ۱۹۹۶ ص ۱۹۳

۷: کچھ یادیں کچھ باتیں، معلم اردو حیات اللہ انصاری نمبر جنوری، ۱۹۸۶ شمارہ ۴۵ ص۔۱۲

۸: اداریہ، اظہار احمد، معلم اردو حیات اللہ انصاری نمبر حصہ دوم دسمبر ۱۹۸۵ ص ۔۱۵

۹: صحافتی زبان، سہیل وحید اعلیٰ پریس، دہلی ۱۹۹۶ ۲۱۴

Journalistic contributions of Hayatullah Ansari. Essay: Dr. Ishrat Naheed

***

۵

اردو صحافت کے لیے سب کچھ قربان کر دینے والے: عشرت علی صدیقی

عابد سہیل

عشرت صاحب کو یادش بخیر، پچاس پچپن سال قبل پہلی بار اس وقت دیکھا تھا جب وہ صلاح الدین بھائی کی بارات میں ایک طرح سے ہمارے گھر آئے تھے۔ "یہ ایک طرح سے "وضاحت طلب ہے۔ ہم لوگ قاضی باغ کی اختر منزل کے ایک حصہ میں بطور کرایہ دار رہتے تھے۔ کرایہ دار ہم ضرور تھے لیکن ہر مہینے بہت تھوڑے سے روپے دینے کے علاوہ مالک مکان اور کرایہ دار کے درمیان تعلقات ایسے تھے کہ معلوم ہوتا تھا ایک ہی خاندان کے لوگ کسی بڑے سے مکان کے دو حصوں میں الگ الگ رہتے ہیں۔ مکان کے مالک داراوغہ عبدالعلی کی دو لڑکیاں تھیں، زیبا باجی، شمسہ باجی اور جنہیں میں زیبا باجی اور شمسہ باجی کہتا تھا۔ شادی اس وقت زیبا باجی کی تھی۔ یہ تھا وہ پس مناظر جس نے مجھے "گھراتیوں،ل میں شامل کر دیا تھا۔

کسی بھی باراتی سے واقف نہ تھا لیکن برجموہن ناتھ کاچر اور مجید پرویز میں سے کسی نے، کہ یہ دونوں افسانہ نگار اور شاعر تھے، ایک ایک باراتی کو دور ہی سے پہنچوا دیا تھا۔

تقریباً سارے ہی نام ایسے تھے جن کی چیزیں میں پڑھ چکا تھا۔ سلام مچھلی شہری، عشرت صدیقی، صباح الدین عمر، کمال احمد صدیقی، چیتن سنگھ، شوکت صدیقی، منظر سلیم، سدا سرن مسرا اور کامریڈ شکیل کے نام یاد آرہے ہیں۔ ان کے علاوہ کچھ ایسے بھی تھے جن کو بعد میں دوسری طرح سے خوب خوب جانا۔ یہ تھے کالی شنکر شکلا، شریمالی، بابول لا اور تواری جی اور نعیم خاں یہ سب کمیونسٹ تھے، ویسے جن لوگوں کا ذکر پہلے کیا ہے ان میں سے بھی زیادہ تر کمیونسٹ ہی تھے لیکن ذرا کم سرخ۔ جی سفید بھک کرتا پائجامہ پہنے، بید کی بڑی سی کرسی پر دراز تھے اور باراتیوں کی آؤ بھگت میں دوسرے بہت سے لوگ لگے ہوئے تھے۔ میں بھی ان میں شامل تھا۔ تھوڑی دیر بعد داروغہ جی نے مجھے اشارے سے بلایا اور ایک صاحب کے بارے میں جو کھادی کی بھورے رنگ کی ذرا سی اٹنگی شیروانی اور کھادی ہی کا کرتا پائجامہ اور ٹوپی پہنے ہوئے تھے پوچھا "یہ کون صاحب ہیں"

"عشرت علی صدیقی"

میں نے کہا "وہی عشرت صاحب جو دنیا کا حال لکھتے ہیں؟"

یہ تھا عشرت صاحب کے کالم کی مقبولیت کا عالم۔ برسوں بعد جب میں انگلی کاٹے بغیر خود کو ادیبوں میں شامل کرلیا تو "قومی آواز" آنا جانا شروع ہوا۔ اس زمانے میں شہر کے ادیبوں کا ایک کعبہ "قومی آواز" بھی ہوا کرتا تھا۔ ایک دن جیسے یکایک احساس ہوا کہ باہر کے لوگوں کی موجودگی میں عشرت صاحب اپنے کمرے سے نکل کر سب ایڈیٹروں کے کمرے میں آتے ہیں تو سب ایڈیٹر یہ ظاہر کرنے کی کوشش کرتے ہیں کہ ان ادیبوں اور شاعروں سے انہیں کوئی مطلب نہیں اور وہ اپنے کام میں لگے ہیں، سر جھکائے ہوئے اور اگر حیات اللہ صاحب ادھر نکل آتے ہیں تو وہ لوگ بھی جو اب تک کام میں مصروف تھے، اپنی اپنی جگہ سے اٹھ کر باہر سے آئے ہوئے ان لوگوں میں شامل

ہو جاتے ہیں جن سے حیات اللہ صاحب باتیں کرنے لگتے ہیں۔ اسی وقت اندازہ ہوا کہ عشرت صاحب ذرا سخت قسم کے آدمی ہیں اور پسند نہیں کرتے کہ ادیب و شاعر دفتر کے کام میں مخل ہوں۔

معاملہ اصل میں یہ تھا کہ اخبار نکالنے کی ذمہ داری عشرت صاحب کی تھی، حیات اللہ صاحب کی نہیں اور عشرت صاحب صحافی اور صرف صحافی بلکہ فنافی الصحافت جب کہ حیات اللہ صاحب سیاستداں بھی تھے، ادیب بھی، پیراک بھی اور مولوی بھی۔ ان دونوں کی جانب میر ارویہ کچھ اس قسم کا تھا۔ باخدا دیوانہ باشد، با محمد ہوشیار

چند سال بعد یعنی ۱۹۵۵ء میں جب میں یونیورسٹی میں "قومی آواز" کے اعزازی رپورٹر بنائے جانے کی خواہش ظاہر کی تو غیر رسمی سا انٹرویو عشرت صاحب ہی نے لیا۔ "قومی آواز پڑھتے ہو" انہوں نے پوچھا۔ "جی ہاں" میں نے کہا" اور "" کبھی کبھی، ملاپ، اور 'پرتاپ، دیکھ لیتا ہوں"۔ میرا مطلب انگریزی اخبار سے ہے، "نیشنل ہیرالڈ، ل خوش ہوئے۔ "ملاپ" اور "پرتاپ" روزانہ دیکھتے ہو؟" کی نہیں، کبھی کبھی۔۔۔۔ میرے محلے میں ہومیو پیتھی کے ایک سندھی ڈاکٹر ہیں ان کے مطب میں آتا ہے"۔ "قومی آواز کیا بات پسند ہے؟" یہ کبھی سوچا بھی نہ تھا۔ جو بات فوراً ذہن میں آئی کہہ دی۔ اتفاق سے بٹیر نکلی۔ "خبریں ایک سلسلے سے ہوتی ہیں، میں نے جواب دیا۔ کہنا یہ چاہتا تھا کہ کسی بڑی خبر سے متعلق جو چھوٹی چھوٹی خبریں ہوتی ہیں وہ اصل خبر کے ساتھ لگی ہوتی ہیں لیکن اتنا لمبا جملہ اس وقت بن نہیں پایا تھا۔ قاعدے کا اب بھی نہیں بن پایا ہے۔ تھوڑی دیر قبل درخواست میں نے شاید حیات اللہ صاحب کو دی تھی اور وہاں سے یہاں آگئی تھی کیونکہ فیصلہ تو اصل میں عشرت صاحب ہی کو کرنا تھا۔

اسی دن مجھے پروانہ تقرری بھی مل گیا۔ ڈھائی سال کے بعد میں "قومی آواز" سے

باقاعدہ طور سے متعلق ہو گیا۔ اس وقت کسی انٹرویو کا سامنا نہیں کرنا پڑا۔ اب عشرت صاحب سے ملاقات تقریباً روزانہ ہونے لگی۔ کبھی کسی کام سے ان کے پارٹیشن میں جانا ہوتا، کبھی وہ کوئی کاغذ ہاتھ میں لئے سب ایڈیٹروں کے کمرے میں آتے یا کاتبوں کے لمبے سے کمرے کی طرف جاتے یا ہم لوگ "معشوق" کے ہوٹل میں چائے پینے یا سگریٹ وغیرہ لینے باہر جاتے تو چک کے پیچھے ان پر نظر پڑ جاتی۔ عام طور پر سر جھکائے کچھ لکھتے یا میز کی دونوں جانب کسی قدر بے سلیقگی سے رکھے ہوئے کاغذات میں کچھ تلاش کرتے ہوئے نظر آتے۔ ان کا پارٹیشن حیات اللہ صاحب کے بڑے کمرے سے ملحق تھا۔

حیات اللہ صاحب وہاں بیٹھ کر ایڈیٹوریل لکھتے، اخبارات پڑھتے، جو لوگ ان سے ملنے آتے ان سے بات چیت کرتے، کبھی گھنٹوں بیٹھتے اور کبھی بس اداریہ لکھ کر چلے جاتے۔ کبھی تو یہ تک ہوتا کہ ہم لوگوں کو پتہ ہی نہ چلتا کہ وہ کب آئے اور کب چلے گئے۔ "قومی آواز" میں پہلے دن جو مجھے کاپی دی گئی وہ ٹھاکر حکم سنگھ سے متعلق تھی۔ انتخابات ہونے والے تھے اور کانگریس نے ٹھاکر صاحب کو ٹکٹ نہیں دیا تھا۔ انہوں نے نہ صرف کابینہ بلکہ پارٹی تک سے استعفی دے دیا تھا۔ یہ خبر یو پی آئی کے ٹیلی پرنٹر سے آئی تھی اور مجھے اس کا ترجمہ کر کے سرخی لگانی تھی۔ اچھی تو کیا قابل قبول سرخی کی بھی امید شاید ہی کسی نے کی ہو۔ اصل امتحان تو ترجمے کا تھا۔ اس وقت تک میں کئی جاسوسی ناولوں کے ترجمے کر چکا تھا جن میں سے ایک میرے نام سے اور باقی فرضی ناموں سے شائع ہوئے تھے۔ چنانچہ مجھے ترجمہ کرنے میں کوئی خاص دقت نہیں ہوئی۔ عشرت صاحب نے ہی میرے ترجمے کی غلطیاں درست کیں اور یہ خبر ان کی دو کالمہ سرخی کے ساتھ دوسری شاہ سرخی کی طرح شائع ہوئی۔ دو تین بعد منظر سلیم صاحب نے مجھ سے کہا "آپ کا کام تو ہو گیا"، کیا ہوا؟ میں نے پوچھا۔ بولے۔ عشرت صاحب کہہ رہے تھے کہ تین مہینے کیلئے

جو عارضی تقرر ہوا ہے، کسی یقین دہانی کے بغیر اس کے مستقل ہو جانے کے خاصے امکانات ہیں۔ لیکن یہ مدت مزید تین مہینے کیلئے بڑھادی گئی اور چھ مہینے بعد فیصلے کی گھڑی آئی تو ایک اور صاحب جنہیں ایسوشی ایٹیڈ جرنلسٹ کے ایک ڈائرکٹر کی سرگرم حمایت حاصل تھی امیدوار کے طور پر میدان میں آگئے۔

یہ امیدوار میرے دوست اور کمیونسٹ پارٹی میں میرے ساتھی نجم الحسن تھے۔ پچھلے چھ مہینوں کے دوران "قومی آواز" میں عام خیال یہی تھا کہ میرا مستقل کیا جانا محض ایک رسم کی ادائیگی ہے لیکن حالات یکایک گڑبڑا گئے۔ میں نے عشرت صاحب سے ملاقات کی تو انہوں نے کوئی ایسی بات نہیں کہی جس سے ذرا بھی امید بندھتی۔ ان سے مایوس ہو جانے کے بعد میں نے حیات اللہ صاحب سے ملاقات کی اور جب انہوں نے مقابلے کی بات کہی تو میں نے ایک سخت بات کہہ دی اور ایک عرصے تک یہی سمجھتا رہا کہ میرا مستقل کیا جانا اسی کا نتیجہ ہے۔

لیکن بہت دنوں بعد معلوم ہوا کہ اس معاملے میں دوسری باتوں کے علاوہ عشرت صاحب نے حیات اللہ صاحب سے یہ بھی کہا تھا کہ اس جگہ پر عابد سہیل کے بجائے کسی اور کو لیا گیا تو اس کے معنی یہ ہوں گے کہ ہم لوگوں نے دو دو غلطیاں کی تھیں ایک تو اس وقت جب انہیں تین مہینے کیلئے رکھا تھا اور دوسری اس وقت جب یہ مدت تین مہینوں کیلئے بڑھائی تھی۔ بدنامی ہوگی سو الگ۔ عشرت صاحب نے اس واقعہ کا ذکر مجھ سے کبھی نہیں کیا۔ وہ اپنی نیکیاں نہیں گناتے بلکہ خود بھی بھول جاتے ہیں، اور پھر تو یہ دفتر کا راز کا تھا۔۔۔۔۔ مجھے یہ بات بہت دنوں بعد محمد حسن قدوائی صاحب نے بتائی تھی۔

عشرت صاحب کی ایک اور خوبی یہ ہے کہ انہیں غصہ کبھی نہیں آتا تھا۔ ایک دلچسپ واقعہ مجھے یاد آرہا ہے ایک رات بارہ ساڑھے بارہ بجے انہیں دفتر میں دیکھ کر ہم

سب حیران رہ گئے۔ محمد حسن قدوائی صاحب نے بہت بہت پوچھا لیکن وہ پھوٹ کے نہ دیئے۔ اپنے کمرے میں جا کر کچھ کاغذات الٹے پلٹے گویا کوئی ضروری کاغذ بھول گئے تھے اور چلے گئے۔

ہم لوگ بھی بھول گئے۔ بہت دنوں بعد معلوم ہوا کہ انہوں نے خواب دیکھا تھا کہ "قومی آواز" کے دفتر میں آگ لگ گئی ہے اور سب کچھ جل کر خاک ہو گیا ہے۔ بس اسی پریشانی میں دفتر چلے آئے تھے۔ خواب سچا بھی ہوتا تو وہ کیا کر لیتے؟ ظاہر ہے کہ کچھ بھی نہ کر سکتے۔ لیکن "قومی آواز" عشرت صاحب کیلئے صرف ان کا دفتر نہیں بلکہ سب کچھ تھا اور اس سب کچھ کو نذر آتش ہوتے دیکھنے کے بعد بھلا ان کو نیند آتی؟

عشرت صدیقی کو جس نے کام کرتے نہیں دیکھا وہ اندازہ بھی نہیں کر سکتا کہ وہ کتنا کام کرتے تھے۔ پونے دس بجے کے قریب دفتر آجاتے۔ اخبار ایک بار پھر پڑھتے، اس کے بعد سب سے پہلے خطوط کا پلندہ کھولتے، تقریباً ایک کالم کے خطوط ایڈیٹ کرتے، ایڈیٹوریل کے صفحے کا کوئی مضمون موجود ہوتا تو اس کی کانٹ چھانٹ کرتے، زبان درست کرتے، نہ ہوتا عشرت صاحب تام جھام کے قائل نہیں تھے اور نہ اپنا ڈھول گلے میں لٹکائے رہتے تھے۔ اس لئے اردو صحافت کو ان کی "دین" سے لوگ ذرا کم ہی واقف ہیں۔ "قومی آواز" کا پہیہ ایسے چلتا کہ "گھر گھر" کی آواز تک نہ ہوتی جیسے کچھ ہو ہی نہ رہا ہو۔ کسی شور و غل، کسی افرا تفری اور کسی ہنگامے کے بغیر اور یہ کارنامہ تھا عشرت علی صدیقی کا۔ وہ جو جگر مرادآبادی نے کہا ہے:

اسیر اس حسن سے کیا ہے کہ شور زنجیر پا نہیں ہے

کچھ وہی کیفیت تھی، ایک ذرا سے فرق کے ساتھ کہ نہ کسی کے پیروں میں زنجیر ہی ہوتی۔۔۔ سبب اس کا یہ تھا کہ ضرورت پڑنے پر وہ دوسروں کا کام بھی نمٹا دیتے تھے۔

کسی چیف صاحب نے چھٹی لے لی تو وہ اخبار نکال دیں گے، سب ایڈیٹر مر گئے تو وہ خبروں کا ترجمہ کر دیں گے۔ دو تین نے چھٹی مار دی تو وہ دوسرے کاتبوں کو زیادہ کام کرنے پر راضی کر لیں گے، چپراسی کہیں گیا ہو تو مضمون، خطوط یا اداریہ خود ہی کاتبوں کو دے آئیں گے۔۔۔ اور چائے وہ عید، بقر عید پیتے ہوں تو پیتے ہوں۔ دفتر میں پیالی کبھی ان کی میز پر دیکھی نہیں، پان کھاتے نہیں، سگریٹ پیتے نہیں، اس کے بعد کھانے کیلئے بچتا ہے کیا ہے، علاوہ غم کے، لیکن اس کے بارے میں کسی کو کچھ پتہ نہیں کیوں کہ اس طرح کی باتیں وہ ہزار پردوں میں رکھتے ہیں۔

کھانے پینے کے معاملے میں عشرت صاحب اور حیات اللہ صاحب یعنی "قدس" اور "روح القدس" کی عادتیں بڑی حد تک ایک سی تھیں۔ دن کا کھانا دونوں کھاتے تھے، حیات اللہ صاحب یہ کمی چھاج سے پوری کرتے تھے، عشرت صاحب چھاج پھونک پھونک کر بھی نہیں پیتے تھے۔

ایک بات اور عشرت صاحب شاعری نہیں کرتے، افسانے نہیں لکھتے، پیراکی سے انہیں شوق نہیں، سیاست میں ان کی عملی دلچسپی صرف ڈاکٹر سدھو تک ہے اور مولوی وہ ہیں نہیں، چنانچہ بس وہ ہیں اور صحافت ہے اور وہ۔ ان کا اور صحافت کا معاملہ پانچ وقت کی ... کے علاوہ "من تو شدم تو من شدی" والا ہے۔

... ت صاحب کا لکھنؤ صحافت سے تعلق "ہفت روزہ ہندوستان" کے توسط سے قائم ... کے بعد حیدرآباد ... قاضی عبدالغفار کے "پیام" سے متعلق ہو گئے اس طرح ... ٹرت نہرو نے آرام ... ۱۹۵۶ء میں قرار دیا تھا، عشرت صاحب نے ... ۱۹۴ ... خود پر حرام کر رکھا ... تھکنا وہ جانتے نہیں۔

" ... سبکدوش ہونے ... سے انہوں نے اپنے لئے دوسری

مصروفیات ڈھونڈلی ہندوستان یا دنیا کے کسی نہ کسی مسئلے پر وہ ہر روز ایک مضمون ضرور لکھتے رہے۔ گوراچٹا رنگ، بوٹا ساقد، کھدر کا کرتا پیجامہ، اس پر کھدر کی ہی شیروانی اور سر پر سفید گاندھی ٹوپی بالکل ویسی ہی رہی جیسے پچاس سال قبل تھی جب میں انہیں پہلے پہل دیکھا تھا۔

دہلی اردو اکادمی نے عشرت صاحب کو بہادر شاہ ظفر قومی ایوارڈ دے کر اردو صحافت کی بہترین روایات اور ان کے حوالے سے خود کو سرخرو کیا ہے۔

Ishrat Ali Siddiqui - who sacrificed everything for Urdu journalism

***

۶

سب ایڈیٹر: ایک گمنام صحافی

ڈاکٹر فضل اللہ مکرم

صحافت کے ابتدائی دور میں اخبار کا مالک ہی ایڈیٹر، پرنٹر اور پبلشر ہوا کرتا تھا۔ یہاں تک کہ اخبار کے آفس کی صفائی ستھرائی کا کام بھی اسی کے ذمہ ہوتا تھا کیونکہ ان دنوں صحافت صرف خدمت کے دائیرے میں تھی ابھی صنعت میں تبدیل نہیں ہو پائی تھی مگر آج صحافت ایک دلکش صنعت میں تبدیل ہو گئی ہے۔ اس لئے اخبار کی ترتیب و اشاعت کیلئے کئی ایک تربیت یافتہ افراد وابستہ ہوتے ہیں جو اپنے اپنے شعبہ میں مہارت رکھتے ہیں۔

اخبار کے مختلف شعبوں میں شعبہ ادارت کو خاص اہمیت حاصل ہے کیونکہ اس کے بغیر اخبار کا وجود ہی ختم ہو جائے گا۔ صحافتی مواد جیسے خبریں، اطلاعات، مضامین، ادارے، فیچر، کالم اور دیگر مواد کی ترتیب و تہذیب کا کام شعبہ ادارت کے ذمہ ہوتا ہے عموماً اس کا سربراہ ایڈیٹر یا چیف ایڈیٹر ہوتا ہے۔ عموماً اردو اخبارات میں ایڈیٹر ہی اخبار ...ک، پرنٹر اور پبلشر ہوتے ہیں جبکہ انگریزی اور دوسری بڑی زبانوں کے بڑے ...ٹر خود ملازم ہوتے ہیں۔

اشاعت کیلئے بہت سا مواد حاصل ہوتا ہے جن میں خبریں،

اطلاعات، رائیں، مضامین اور خطوط وغیرہ حاصل ہوتے ہی فوری چھپنے کیلئے نہیں بھیجا جاتا ہے بلک منتخب مواد کو جانچا اور پرکھا جاتا ہے۔ پھر اس کے متن کی نوک پلک سنواری جاتی ہے۔ سرخی تیار کی جاتی ہے۔ ابتدائیہ لکھا جاتا ہے۔ صفحہ اور کالم کا تعین ہوتا ہے۔ تب کہیں وہ خبر کتابت یا کمپوزنگ شعبے کو روانہ کی جاتی ہے۔ مواد کے حصول اور اشاعت سے قبل کے تمام مراحل کو ادارت کا نام دیا گیا ہے جسے Subbing بھی کہتے ہیں Subbing کی ذمہ داری سب ایڈیٹر کے سپرد کی جاتی ہے۔ عام طور پر Sub Editor کو Sub کے نام سے پکارا جاتا ہے۔ Subbing کے عمل کو Copy reading بھی کہا جاتا ہے۔ اردو میں سب ایڈیٹر کو نائب مدیر کہتے ہیں۔

سب ایڈیٹر صحافتی دنیا کا ایک گمنام اور مظلوم کارکن ہوتا ہے جو دن رات اخباری صفحات پر بہتر سے بہتر مواد کو بکھیرتا ہے۔ صفحہ کی ترتیب و تزئین کا ہمیشہ خیال رکھتا ہے مگر اس کا کوئی نام نہیں ہوتا۔ سب ایڈیٹر اس گمنام مزدور جیسا ہے جس نے نہایت کمال اور فن سے اپنے ہاتھوں سے تاج محل کی تعمیر تو کرتا ہے مگر اس کا نام تاریخ کے صفحات میں کہیں نہیں ملتا بلکہ تاج محل بنوانے والے کا نام ہی زندۂ جاوید ہو گیا۔ سید اقبال قادری سب ایڈیٹر سے پوری پوری ہمدردی دکھاتے ہوئے لکھتے ہیں۔

"نائب مدیروں کی یہ بدقسمتی ہے کہ نہ تو ان کے نام اخبار کے صفحات پر شائع ہوتے ہیں اور نہ ہی انہیں قارئین سے ذاتی طور پر تبادلہ خیال کا موقع ملتا ہے۔ یہ گمنام ستاروں کی سی زندگی بسر کرتے ہیں حالانکہ کسی بھی اخبار کی ترتیب اور اشاعت میں نائب مدیروں کی محنت کا بڑا دخل رہتا ہے مگر علانیہ طور پر نہ تو ان کی عزت افزائی ہوتی ہے۔ نہ ان کی کارکردگی پر انعامات یا اعزازات کی بارش ہوتی ہے کبھی کبھی اچھی [illegible] کی خصوصی رپورٹوں کے ساتھ نامہ نگار کے نام بھی دیئے جا[illegible]

نہیں کیا جاتا کہ فلاں مواد کی ادارت فلاں سب ایڈیٹر کی محنت شاقہ کا نتیجہ ہے۔ نائب مدیر وہ سورما ہیں جن کی صلاحیت کے گن گائے نہیں جاتے اور جن کی کوی تہنیتی تقریب منائی جاتی ہے اس معاندانہ رویہ کے باوجود نائب مدیر پوری ایمانداری اور سنجید گی سے اپنی ادارتی ذمہ داریاں نبھاتے ہیں اور عملی صحافت کا پرچم بلند رکھتے ہیں"۔

ایک اخبار میں کئی ایک سب ایڈیٹر مقرر ہوتے ہیں۔ اخبار کے مختلف صفحات جس کی موضوعاتی تقسیم عمل میں آتی ہے۔ جیسے مقامی خبروں کا صفحہ، قومی صفحہ، بین الاقوامی صفحہ، غیر ملکی خبروں کا صفحہ، کھیلوں کا صفحہ، خصوصی ضمیمہ وغیرہ ہر صفحہ کا ایک انچارج مقرر ہوتا ہے۔ بعض اخبارات میں چیف سب ایڈیٹر دو یا دو سے زائد صفحات کا انچارج ہوتا ہے۔ ہر چیف سب ایڈیٹر کے پاس کم از کم ایک سب ایڈیٹر ضرور ہوتا ہے۔ بڑے اخبارات میں کئی سب ایڈیٹر مقرر ہوتے ہیں۔

موجودہ دور ابلاغیات کا دور ہے۔ اس لئے آج ہر شعبہ ہائے زندگی سے تعلق رکھنے والے ماہرین کی سخت ضرورت ہے۔ اخباری دفتر میں بھی مختلف علوم یا میدان میں مہارت رکھنے والے افراد کو بحیثیت سب ایڈیٹر تقرر کیا جاتا ہے تا کہ وہ اپنے مخصوص میدان سے متعلق خبروں اور مضامین کی بہتر طور پر ادارت کا فریضہ انجام دے سکے۔

اخبار نویسی کے ابتدائی دور میں ایک ہی فرد اخبار کے جملہ امور طئے کرتا تھا وہی اخبار کا مالک وہی ایڈیٹر وہی رپورٹر یا سب ایڈیٹر بلکہ طابع و ناشر بھی وہی ہوا کرتا تھا۔ ان دنوں دراصل خبروں کے حصول کے ذرائع کافی محدود تھے۔ ایک شہر کی خبر دوسرے شہر پہنچنے تک دنوں بلکہ ہفتوں مہینوں درکار ہوتے تھے اس طرح سے اخبار میں ایک آدھ خبر اور اس پر رائے بلکہ ایک بھرپور مضمون شامل ہوا کرتا تھا۔ اخبار پڑھنے والوں کی تعداد کافی کم تھی۔ اخبار کی ترتیب و تزئین پر کوئی دھیان نہیں دیا جاتا تھا، لیکن زمانے

کی ترقی، علم کا بڑھتا رحجان اور مسابقتی دوڑ نے صحافت کی کایا پلٹ دی ہے۔ آج بے شمار ذرائعوں سے خبریں وصول ہوتی ہیں۔ اخبار کا اپنا نیٹ ورک ہوتا ہے۔ قارئین تازہ تازہ خبریں پڑھنے کے خواہشمند ہوتے ہیں۔ بہتر مواد اور خوبصورت پیشکش میں گویا ایک مسابقت شروع ہوگئی۔ ہر اخبار یہی چاہتا ہے کہ وہ قارئین کی پسند کا خیال رکھے۔ خبروں میں صداقت اور اس کی پیشکش اتنی دلکش ہو کہ قارئین کو اخبار پڑھنے میں کوئی دقت پیش نہ آئے۔

آج اخبار کے دفتر کو بے شمار خبریں، اطلاعات، مضامین اور قارئین کے خطوط موصول ہوتے ہیں۔ اخبار کے اپنے نامہ نگار بھی رپورٹنگ کرتے ہیں۔ بے شمار صحافتی مواد موصول ہوتا ہے لیکن اخبار کے صفحات کم ہوتے ہیں۔ موصول شدہ مواد میں سے قابل اشاعت مواد کو منتخب کرنا، کانٹ چھانٹ کرنا، نوک پلک سنوارنا، عنوانات طئے کرنا اور صفحہ میں جگہ کا تعین کرنا غرض کئی ایک مراحل ایسے ہیں، جس کی تکمیل میں وقت اور افراد کی ضرورت پڑتی ہے۔ اخبارات میں عموماً یہ تمام مراحل و مسائل کو حل کرنے میں ایک فرد ناکافی ہوتا ہے۔ ایسے میں اخبار کے ایڈیٹر کو اپنے لئے معاونین کی ضرورت محسوس ہوتی ہے۔ ایسے ہی تربیت یافتہ افراد سب ایڈیٹر کہلاتے ہیں ابتداء میں سب ایڈیٹر کا کوئی رواج نہیں تھا لیکن آج کوئی بھی اخبار بغیر سب ایڈیٹرز کے وقت مقررہ کے اندر شائع نہیں ہو سکتا۔ اخبار جتنا بڑا ہوتا ہے وہاں سب ایڈیٹر کی ذمہ داریاں بھی بڑھ جاتی ہیں۔ Subbing کا عمل ایک فن ہے جس میں اہلیت اور قابلیت کے ساتھ ساتھ مہارت کی بھی ضرورت ہوتی ہے۔

جب بھی کوئی مواد اخبار کے دفتر کو برائے اشاعت موصول ہوتا ہے تو سب سے پہلے نیوز ایڈیٹر مواد کو چکھتا ہے اور اس کے معیار کا تعین کرتا ہے اور یہ بھی فیصلہ کرتا ہے

کہ یہ مواد قابل اشاعت ہے یا نہیں؟ اگر موصولہ مواد قابل اشاعت ہو تو مواد کے موضوع اور تنوع کے لحاظ سے اسے متعلقہ چیف سب ایڈیٹر کے حوالے کرتا ہے۔ یہیں سے سب ایڈیٹر کا کام شروع ہوتا ہے۔ مواد کا نوک پلک سنوارنا سب ایڈیٹر کا کام ہے۔ ابتدائیہ لکھنا، سرخی تجویز کرنا، پیراگرافوں کی تقسیم، لہجے درست کرنا تعقید لفظی کو دور کرنا، ناموں کی صحت پر توجہ دینا، زبان اور قواعد کی رو سے عبارت کی تصحیح کرنا، طویل خبر کو مختصر کرنا، خبر کے اہم اجزاء کو روشن کرنا وغیرہ سب ایڈیٹر کے فرائض میں شامل ہیں۔ خبر کی اہمیت کے لحاظ سے اس کی تزئین و آرائش کا لے آوٹ بنانا بھی سب ایڈیٹر کا کام ہے۔ بعض اخبارات میں خبر کو اہمیت کے لحاظ سے صفحات کا تعین کرنا بھی سب ایڈیٹر کی ذمہ داری میں شامل ہے۔ عام طور سے سب ایڈیٹر اپنے کام میں نیلی روشنائی یا نیلا قلم استعمال کرتے ہیں اسی لے سب ایڈیٹنگ کی کارروائی کو Bule Pencelling بھی کہا جاتا ہے۔

سب ایڈیٹر کا کام دودھ کا دودھ پانی کا پانی جیسا ہوتا ہے کیونکہ وہ موصولہ مواد میں سے غیر ضروری الفاظ اور کردار یا واقعات کو کاٹ دیتا ہے صرف وہی چیزیں لیتا ہے جو اخبار کے صفحات کے زینت بننے کے قابل ہوں بعض اخباروں میں اداریے بھی سب ایڈیٹر لکھا کرتے ہیں اور ترجمہ کا کام بھی سب ایڈیٹر انجام دیتے ہیں۔

سید اقبال قادری نے اپنی تصنیف رہبر اخبار نویسی میں سب ایڈیٹر کی اہمیت پر یوں رائے دی ہے۔

"نائب مدیر ایک تیز مبلغ صحافی ہوتا ہے جسے ہر فن مولا ہونا ضروری ہے۔ اس کے ہر رویہ میں جولانی ادارت کے فرائض سے اس کا میلان ہونا ضروری ہے۔ کبھی وہ معماروں کی کانفرنس کی تفصیلات پڑھ رہا ہوتا ہے تو کبھی پہلوانوں کے مسائل آئی ہوئی خبروں کو وضع قطع بخش رہا ہوتا ہے۔ کبھی امریکہ کے صدر تقریر کو دلچسپ طریقہ پر

پیش کرنے کی کوشش میں مگن ہے تو کبھی کسی اسپورٹس انجمن کے انتخابات کے نتائج کو جگہ دینے کیلئے غور و فکر میں مصروف رہتا ہے کبھی وہ ٹیگور پر کسی ماہر ادیب کی تقریر کا خلاصہ تیار کر رہا ہے تو کبھی ماہی گیروں کے مسائل کی فہرست میں کانٹ چھانٹ میں مشغول ہے اپنی تعلیمی قابلیت استعداد اور تجربہ کی روشنی میں کامیاب نائب مدیر ہر معاملہ سلجھانے میں طاق ہوتا ہے اور ہر واقعہ کو ایک خبری مزاج سے مزین کرین بہتر سے بہتر طریقے پر اخبار کے صفحات پر عیاں کرنے میں مصروف رہتا ہے"۔

اس طرح سے ادارتی شعبے کا تقریباً کام سب ایڈیٹر ہی انجام دیتا ہے۔ اس کی اہمیت اور ضرورت مسلم ہے آج کے دور میں سب ایڈیٹر کے بغیر کسی اخبار کو جاری کرنا نہ صرف مشکل ہے بلکہ محال ہے۔ روزناموں کے دفاتر میں کام عموماً دو شفٹ یا تین شفٹ میں ہوتا ہے عموماً ایک شفٹ ۸ گھنٹوں پر مشتمل ہوتی ہے۔ ایک سب ایڈر کسی ایک شفٹ میں کام کرتا ہے اس طرح مختلف صفحات کے چیف سب ایڈیٹر کے ماتحت کئی ایک سب ایڈیٹر دن رات کام کرتے ہیں "لی" ٹیبل پر تمام سب ایڈیٹر اپنے اپنے کام میں مصروف ہو جاتے ہیں ۔سب ایڈیٹر کی اس قدر عرق ریزی اور مغزپاشی کے باوجود وہ گمنام ہی رہتا ہے اخبار کے کسی صفحے پر بھی اس کا نام نہیں ہوتا۔

اخبار کے دفتر میں عموماً پڑھے لکھے افراد کی ضرورت ہوتی ہے لیکن لیکن ہر پڑھا لکھا شخص عملہ ادارت میں شامل نہیں ہو سکتا۔ سب ایڈیٹر کیلئے صرف پڑھا لکھا ہونا ہی شرط نہیں ہے بلکہ اسے کئی ایک اوصاف کا مالک ہونا ضروری ہے۔ اگر کسی شخص میں یہ اوصاف یا خوبیاں نہ پائی جاتی ہوں تو اسے اکتساب کے ذریعہ ان خوبیوں کو اپنے اندر پیدا کرنا چاہئے ورنہ وہ سب ایڈیٹر جیسے محنت طلب اور صبر آزما کام کیلئے قطعی اہل نہیں ہو سکتا۔ سب ایڈیٹر کیلئے درج ذیل اوصاف یا صلاحیتوں کا حامل ہونا ضروری ہے۔

وسیع النظری اور خوش ذوقی کے اوصاف سب ایڈیٹر کیلئے بہت ضروری ہیں۔ خبر اور مضمون کی اہمیت اور خوبی کا صحیح اندازہ کرنے کیلئے صاف ستھرے اور سلجھے ہوئے دماغ کی ضرورت ہوتی ہے تاکہ وہ حالات وواقعات کی سطحی اور ظاہری صورت سے متاثر نہ ہو بلکہ ہر بات اور ہر واقعہ کی اہمیت کو جانچنے اور پرکھنے کیلئے اس کے پس منظر کو سمجھنے کی کوشش کرے۔ ایسا شخص جو ناپختہ ذہن اور خام خیال کا مالک ہوتا ہے وہ دوسروں کے خیالات کو سمجھنے اور اچھے خیالات کو قبول کرنے قطعی تیار نہیں ہوتا۔ ایسے تنگ نظر لوگ ادارت کا کام انجام نہیں دے سکتے کیونکہ وہ عقل وشعور کے بجائے جذبات کا سہارا لیتے ہیں۔ صحافتی میدان میں تنگ نظر، جذباتی اور انتہاء پسندی کی کوئی گنجائش نہیں ہے۔ انتہاء پسندی کے بجائے توازن اور اعتدال کا راستہ اسے اپنانا چاہئے کیونکہ زبان سے نکلا ہو الفظ اور کمان سے نکلا ہوا تیر کبھی واپس نہیں آتا۔ پھر قلم سے نکلے ہوئے الفاظ کی اہمیت اور تاثیر کہیں زیادہ ہوتی ہے۔ قلمکار کی کاٹ تلوار کی کاٹ سے زیادہ خطرناک ہوتی ہے۔ اس لئے سب ایڈیٹر کو ذہین، فطین اور اچھی سوجھ بوجھ کا مالک ہونا ضروری ہے۔ وہ اپنے ذاتی نظریات، خیالات اور اپنی پسند ونا پسند کو بالائے طاق رکھے۔ تعصب اور انتہاء پسندی کو اپنے قریب پھٹکنے نہ دے۔ سب ایڈیٹر کی ذاتی عقل وشعور اور فہم وادارک کا خبروں اور مضامین میں حسن اور عمدگی پیدا کرنے میں بڑا دخل ہوتا ہے۔ اس لئے اسے متوازن اور فہیم شخصیت کا مالک ہونا ضروری ہے۔

سب ایڈیٹر کے کام کی نوعیت، وسعت اور تسلسل، سب ایڈیٹر سے اس بات کا مطالبہ کرتے ہیں کہ وہ متحمل مزاج ہو۔ خبروں کے انتخاب اور ان کی اہمیت کے مطابق جگہ اور مقام دینے کیلئے قوت فیصلہ اور قوت تمیز کی ضرورت ہوتی ہے۔ اسے ایک جج کا کردار نبھانا چاہئے کیونکہ مختلف مذہب، طبقہ اور پیشہ سے تعلق رکھنے والے افراد اپنی اپنی

خبریں یا اطلاعات لے کر آتے ہیں اپنی اور ان کی پسند اور شوق کا لحاظ رکھتے ہوئے خبر یا واقعہ کی اہمیت کا اندازہ لگائے اور اس کے مطابق صفحات میں جگہ کا تعین کرے۔

اخبار میں صرف خبریں ہی شائع نہیں ہوتیں بلکہ ہر طرح کی معلومات اور ہر طرح کے افکار خیالات شائع کئے جاتے ہیں۔ فنون لطیفہ، ادب، فلسفہ، نفسیات، سائنس، مذہب، اقتصادیات، سیاسیات، غرض یہ کہ ہر طرح کے مضامین اور زندگی کے ہر شعبے کے بارے میں اطلاعات، اخبارات میں جگہ پاتی ہیں۔ سب ایڈیٹر رنگارنگ واقعات اور موضوعات کی خبریں اور مضامین شائع کرنے کے کام کا نہ صرف نگران اور ذمہ دار ہوتا ہے بلکہ انہیں بہتر اور مکمل بنانے کیلئے وہ ان میں ترمیم اور اضافے بھی کرتا ہے اور یہ اسی وقت ممکن ہے جب سب ایڈیٹر مختلف علوم و فنون سے واقف ہو۔ وسیع معلومات عامہ رکھتا ہو۔ جغرافیائی اور تاریخی حقائق سے آشنا ہو۔ یہ ممکن نہیں ہے کہ سب ایڈیٹر تمام علوم کا ماہر ہو بلکہ وہ ان سب علوم کے بارے میں کچھ نہ کچھ واقفیت رکھتا ہو۔ سب ایڈیٹر کا مطالعہ جتنا وسیع ہوگا اس کے کام میں اتنی ہی عمدگی اور پختگی پیدا ہو جائے گی۔ سب ایڈیٹر پر یہ بھی لازم ہے کہ وہ قومی اور بین الاقوامی سیاسیات کا درک رکھے۔ وہ عوامی رجحانات اور حالات حاضری سے پوری طرح آگاہ ہو کیونکہ اخبار کے دفتر میں مسائل حاضرہ سے متعلق مواد موصول ہوگا اگر سب ایڈیٹر خود ان مسائل سے پوری طرح آگاہ نہ ہوگا تو وہ ان کی اہمیت کو نہیں سمجھ سکے گا اور نہ ہی ان میں اصلاح و ترمیم کے قابل ہوگا۔

اخبار اپنے قارئین کے رجحانات و میلانات ان کی خواہشات و جذبات اور اس معاشرے کی مذہبی، سماجی اور سیاسی رسوم و روایات سے پوری طرح باخبر ہو اس سلسلے میں اس کی ذراسی بے علمی اور غفلت بھی کسی بڑے ہنگامے کا سبب بن سکتی ہے۔

اخبار کی زبان صاف سادہ اور آسان ہونی چاہیے۔ اس میں ادبی، چاشنی اور رنگینی کی

نہیں بلکہ فصاحت وبلاغت کی ضرورت ہوتی ہے۔ سب ایڈیٹر کو اپنی زبان پر اس قدر عبور ہونا چاہیئے کہ وہ ہر طرح کے خیالات کو باآسانی ادا کر سکے اور دوسروں کی تحریر شائع کرنے سے پہلے قابل فہم بنا سکے۔ اگر سب ایڈیٹر کے پاس ذخیرہ الفاظ کی کمی اور زبان پر مکمل قدرت نہ ہو تو اسے قدم قدم پر مشکلات سے دوچار ہونا پڑے گا جن کی وجہ سے اخبار کا معنوی حسن مجروح ہو جائے گا اور غیر واضح زبان و بیان سے غلط فہمیاں پیدا ہونے کا اندیشہ رہے گا۔ صحافتی زبان ادبی چاشنی سے عاری ہوتی ہے لیکن اس کا مطلب یہ نہیں کہ وہ ادب سے بے بہرہ بلکہ وہ ادب کی تاریخ اور ادباء شعراء کے بارے میں بھی معلومات رکھتا ہو کیونکہ یہی معلومات انداز بیان پر اثر انداز ہو سکتی ہیں۔

سب ایڈیٹر کو ترجمے کے مرحلے سے بھی گذرنا پڑتا ہے۔ اس لئے اسے ایک سے زائد زبانوں پر مکمل قدرت رکھنا لازم ہے۔ خصوصاً انگریزی زبان میں اسے ماہر ہونا چاہیئے کیونکہ خبروں کی ایجنسیاں صرف انگریزی زبان میں ہی خبریں بھیجتی ہیں۔ انگریزی زبان اس کی قواعد اور اس کے مزاج و تہذیب سے بہت حد واقفیت لازم ہے۔ سب ایڈیٹر جتنی زیادہ زبانوں سے واقف ہو گا۔ اس کی تحریر میں اتنی ہی زیادہ پختگی پیدا ہو گی۔ اس کے علاوہ ترجمے کے اصول وضوابط سے واقفیت بھی لازمی ہے۔

کہا جاتا ہے کہ صحت مند جسم میں صحت مند دماغ کی تخلیق ہوتی ہے۔ اس لئے سب ایڈیٹر کو بھی اپنی جسمانی صحت پر کافی توجہ دینی پڑتی ہے۔ اسے سخت ذہنی اور اعصابی دباؤ برداشت کرنا پڑتا ہے وہ مسلسل ساتھ آٹھ گھنٹے ایک جگہ بیٹھ کر کام کرتا رہتا ہے جو عرق ریزی اور مغز پاشی کا کام یقیناً تھکا دینے والا ہوتا ہے۔ ایسے میں اسے جسمانی طور پر فٹ ہونا چاہیئے۔ کاہلی، تساہلی، ٹال مٹول اور حیل وحجت کے عادی افراد سب ایڈیٹر کی ذمہ داری نہیں اٹھا سکتے۔ سب ایڈیٹر پر کام تیز رفتاری اور چابکدستی سے کرتا ہے۔ اس کا ذہن

اس کی آنکھیں اس کے ہاتھ اور اس کا قلم سبھی چاق و چوبند رہتے ہیں۔ اس کے پاس اتنا وقت نہیں رہتا کہ وہ اپنی تھکن کو دور کرنے کیلئے تھوڑی دیر آرام کرے یا کچھ دیر سستانے کیلئے بیٹھا رہے اسے بے شمار اخبار مود کی تصحیح، ترجمہ تلخیص کرنا بھی پوری خبر کو از سر نو خود ہی لکھنا پڑتا ہے اور یہ تمام کام وقت مقررہ کے اندر اندر مکمل کرنے ہوتے ہیں اسی لئے سب ایڈیٹر کو جسمانی طور پر تندرست اور صحت مند ہونا لازم ہے۔

صحافی کا ہر دن امتحان کا دن ہوتا ہے اسے ایک محدود وقت میں بہت سا کام کرنا پڑتا ہے۔ نائب مدیر چونکہ اخباری صفحات کے ریڑھ کی ہڈی کا درجہ رکھتا ہے اس لئے اسے ذہنی و جسمانی طور پر تندرست رہنا چاہئے۔ سب ایڈیٹر صحافتی دنیا کا ایک سرگرم کارکن ہوتا ہے اس لئے اس میں پیشہ ورانہ صلاحیتوں اور قابلیتوں کا ہونا ضروری ہے اسے عام قوانین خاص کر صحافت سے متعلق جملہ امور سے واقفیت لازم ہے تاکہ اس سے کوئی لغزش سرزد نہ ہوسکے جو قانون کی نظر میں جرم و خطاء ہو توہین عدالت اور ازالہ حیثیت عرفی کے قوانین سے واقفیت ضروری ہے۔

سب ایڈیٹر کو اپنے کام اور پیشے سے متعلق بھی بہت کچھ سیکھنا پڑتا ہے ترجمہ کرنا، خبر کی ہیئت اور ترکیب، سرخی لگانا، کاپی جوڑنا، میک اپ اور صحافتی اصطلاحات وغیرہ سے واقفیت لازم ہے۔ فن صحافت کے مختلف گوشوں سے واقف ہونا ضروری ہے گو کہ وہ عملی طور پر مختلف میدان میں اپنے جوہر نہیں دکھاتا لیکن اس کے ٹیبل پر صحافت کے مختلف گوشوں اور پہلوؤں سے متعلق اراد اور ان کی رپورٹوں سے اسے سابقہ پڑتا ہے یہ مکن نہیں کہ کسی سب ایڈیٹر میں یہ تمام اوصاف خوبیاں، صلاحیتیں اور لیاقتیں موجود ہوں بلکہ وہ اپنی سمجھ بوجھ وسیع مطالعہ، مشاہدہ اور تجربے کی بنیاد پر مختلف فنی پہلوؤں سے آشنا ہوسکتا ہے اور اپنے فن میں طاق ہوسکتا ہے یہ اسی وقت ممکن ہے جب سب ایڈیٹر

میں کچھ سیکھنے اور آگے بڑھنے کا جذبہ موجود ہو اور وہ اپنی پیشہ ورانہ زندگی کا کوئی مقصد طئے کرے اور ان مقاصد کے حصول کیلئے صحیح ڈھنگ سے جدوجہد کرے کیونکہ انسان گود سے گور تک طالب علم ہی ہوتا ہے اس لئے سب ایڈیٹر میں ہمیشہ کچھ نہ کچھ سیکھنے کا جذبہ ہونا چاہئے۔

اخباری دفتر کو روزانہ مختلف نیوز ایجنسیوں، رپورٹر نامہ نگار اور مختلف افراد سے کئی ایک خبریں اور اطلاعات موصول ہوتی ہیں گو کہ یہ سارا مواد قابل اشاعت نہیں ہوتا اگر اشاعت کے لائق بھی ہو تو اس میں بے شمار خامیاں ہوتی ہیں جس میں زبان، اعداد و شمار مقامات کی غلطیوں کے علاوہ زبان اور قواعد کی غلطیاں بھی ہوتی ہیں ان سب خامیوں کو دور کرنا اور موصولہ خبر کو آسان اور دلچسپ بنانے کی ذمہ داری سب ایڈیٹر پر ہوتی ہے۔

خبریں کئی ہوتی ہیں لیکن ہر خبر اخبار میں شائع نہیں ہو سکتی۔ اخبار کی پالیسی، مزاج اور اہمیت کو مدنظر رکھ کر خبروں کا انتخاب کیا جاتا ہے۔ اگرچہ اخبار کے دفتر میں خبر کے انتخاب کا کام نیوز ایڈیٹر یا چیف سب ایڈیٹر کے ذمہ ہوتا ہے، لیکن وقت کی کمی اور مواد کی بہتات کی وجہ سے اکثر نیوز ایڈیٹر چیف سب ایڈیٹر خبروں کے انتخاب کا معاملہ سب ایڈیٹر کے حوالے کر دیتا ہے اس لئے سب ایڈیٹر کو خبروں کے انتخاب کا سلیقہ اور فن آنا چاہئے کیونکہ بہت سی خبروں میں خبریت کا پہلو نہیں ہوتا ایسی خبریں شامل اشاعت نہیں ہو سکتیں خبروں کے انتخاب کے بعد اس کی اہمیت کا تعین کرنا بھی سب ایڈیٹر کے فرائض میں شامل ہیں کونسی خبر کس صفحہ پر اور کتنے کالموں پر محیط ہو گی اس کا فیصلہ سب ایڈیٹر ہی کرتا ہے یا اسے اپنے باس سے مشورہ کرنا پڑتا ہے۔

سب ایڈیٹر کا اہم فریضہ خبر کی صحت کی جانچ پڑتال ہے۔ خبر واقعات پر مشتمل ہے۔ وہ صحیح ہے یا نہیں اس میں دیئے گئے نام، اعداد و شمار اور مقامات صداقت پر مبنی ہیں یا

نہیں؟ خبریں خواہ نیوز ایجنسیوں، رپورٹروں اور نامہ نگاروں سے موصول ہوں تب بھی اس میں غلطی کا احتمال ہوتا ہے۔ مستند ذرائعوں پر آنکھ بند کرکے بھروسہ نہیں کیا جاسکتا بلکہ اس کی صداقت کی جانچ پڑتال ضروری ہوتی ہے خبروں کی جانچ پڑتال کا آسان طریقہ یہ ہے کہ شہر میں رونما ہوا کوئی اہم واقعہ کی رپورٹ دو تین ذرائع سے حاصل ہوتی ہے۔ جن میں نیوز ایجنسی یا اسٹاف رپورٹر ہوتا ہے۔ ایک ہی واقعہ کی مختلف رپورٹوں کو تجزیہ اور تقابل کیا جاسکتا ہے۔ مزید اطمینان کیلئے اسٹاف رپورٹر سے ربط پیدا کرکے اپنے شک کو دور کر سکتا ہے۔

بعض موصولہ خبروں میں ذاتی رائے یا تبصرہ بھی شامل ہوتا ہے جبکہ خبر کسی دلچسپ واقعہ کے فوری اور بے لاگ بیان کا نام ہے۔ رپورٹر خبروں کو بے لاگ بنانے کی اپنی طور پر پوری کوشش کرتے ہیں۔ اس کے باوجود کبھی کبھی لاشعوری طور پر رپورٹر کی ذاتی رائے خبر میں شامل ہو جاتی ہے۔ خبر میں اس کی ذاتی پسند اور ناپسند کی جھلک بھی عیاں ہوتی ہے۔ سب ایڈیٹر کو لازم ہے کہ وہ خبر کا اہم عنصر معروضیت کا مکمل لحاظ رکھے اور رپورٹر کی ذاتی پسند و ناپسند اور اس کی رائے سے خبر کو پاک کرے۔ خبروں میں ذاتی رائے اور تبصروں کی شمولیت کے طرح مبالغہ آمیزی کا احتمال بھی ہوتا ہے۔ عموماً مختلف اشخاص، عمارات، اجتماع وغیرہ کی صفات بیان کرتے ہوئے مبالغہ آمیزی سے کام لیا جاتا ہے۔ چنانچہ خبر کو مبالغہ آمیزی سے پاک کرکے اور مکمل طور پر صحیح اور معروضی خبر بنانا سب ایڈیٹر کا کام ہ۔

بہت سی خبریں سرکاری، نیم سرکاری یا نجی اداروں کے پریس نوٹ کی صورت میں آتی ہے اس کے علاوہ سیاسی جماعتیں اور ادبی و ثقافتی انجمنیں اپنی روداد روانہ کرتی ہیں ۔اس قسم کے مواد میں پروپگنڈہ اور پبلسیٹی کا عنصر شامل ہوتے ہیں۔ یہ پروپگنڈہ اور

پبلسٹی یا تشہیری مواد کچھ اتنا زیادہ ہوتا ہے خبریت کا پہلو کہیں گم ہو جاتا ہے۔ بعض ذہین افسران تعلقات عامہ اشتہاری مواد کو خبروں یا فیچروں کی شکل دے کر بھیجتے ہیں۔ سب ایڈیٹر کا فرض ہے کہ وہ اس چالبازی کو محسوس کرے اور وہ خبروں یا اطلاعات میں سے ایسے مواد کو حذف کرے جو اشتہار کے دائرے میں آتے ہوں اور وہی مواد شائع کرے جس میں خبریت کا پہلو پوشیدہ ہوتا ہے۔

خبروں میں عموماً ملکوں کے ناموں کے بجائے ان کے دارالحکومت کا نام استعمال ہوتے ہیں۔ جہاں سے خبر موصول ہوتی ہے اس خبر کی ابتداء میں شہر کا نام ہوتا ہے جسے ڈیٹ لائن کہتے ہیں بعض شہر غیر معروف ہوتے ہیں۔ پوری خبر پڑھنے کے بعد بھی یہ اندازہ کرنا مشکل ہوتا ہے کہ آخر خبر کونسے ملک کی ہے اس لئے سب ایڈیٹر کو چاہئے کہ وہ شہر کے نام کے بعد ملک کا نام بھی قوسین میں درج کرے تاکہ قارئین کو خبر سے متعلق کوئی شک وشبہ کی گنجائش یا، افہام و تفہیم میں دقت پیش نہ آئے۔ خبروں میں غیر ملکی کرنسی کا بھی ذکر آتا ہے عموماً خرید وفروخت یا غیر ملکی امداد کے سلسلے میں ڈالر یا پاونڈ یا ریال یا درہم کا تذکرہ ہوتا ہے۔ اکثر قارئین دی گئی غیر ملکی کرسنی اوزان وپیمانہ جات کو سمجھنے سے قاصر ہوتے ہیں۔ سب ایڈیٹر کو اختیار ہے کہ وہ غیر ملکی کرنسی یا اوزان وپیمانے کو ملکی کرنسی یا اوزان وپیمانے کو تبدیل کرے تاکہ عام قارئین کو اعداد وشمار کو صحیح انداز ہو سکے۔

سب ایڈیٹر کا اہم فرض خبروں کو جامع بنانا ہے۔ بعض خبریں تشنہ ہوتی ہیں چھ کاف کی کسوٹی پر پورا نہیں اترتی ہیں۔ ایسی خبروں کی خامیوں کو دور کرنا اور انہیں جامع بنانا ضروری ہوتا ہے۔ انگریزی یں اس عمل کو Plug The Holes کہا جاتا ہے۔ خبریں نہ صرف جامع

ہوں بلکہ مؤثر بھی ہوں چونکہ خبریں مختلف ذرائع سے آتی ہیں ان کا اسلوب بیان غیر مؤثر بھی ہو سکتا ہے اس لئے سب ایڈیٹر نہ صرف خبروں کو جامع بنائے گا بلکہ انہیں مؤثر بھی بنائے گا خبروں کو مؤثر بنانے کا یہ مطلب نہیں کہ شعری یا افسانوی انداز میں پیش کیا جائے بلکہ وہ اسلوب اختیار کیا جائے جس سے اخبار کے قارئین کو خبر پڑھنے اور سمجھنے میں کوئی دقت نہ ہو اور خبر کا اثر ان کے ذہن پر چھا جائے۔

سب ایڈیٹر کو خبر کی زبان بھی درست کرنی ہوتی ہے۔ یہ ضروری نہیں کہ ہر خبر یا رپورٹ میں زبان کی غلطیاں ہوتی ہوں۔ چنانچہ اسے یہ دیکھنا چاہئے کہ خبریں یا دوسرا مواد صحیح، آسان اور قابل فہم زبان میں ہو اس میں ثقیل الفاظ یا مشکل تراکیب ہوں تو اسے آسان لفظوں سے بدلنا چاہئے جملے پیچیدہ نہیں ہونے چاہئیں۔ زبان میں سادگی، اختصار اور جامعیت ہو۔ طول کلام نہ ہو اور تکرار و اعادہ نہ ہو سب ایڈیٹر کو یہ بھی دیکھنا پڑتا ہے کہ خبر مطلوبہ ہیئت کے مطابق ہیکہ نہیں یعنی ڈیٹ لائن، ذرائع کا حوالہ ابتدائیہ پھر واقعہ کی تفصیل اور خبر کی اہمیت سے متعلق سرخی بھی ہے یا نہیں؟ اگر کچھ کمی و بیشی ہو تو سب ایڈیٹر اس کو ٹھیک کر دیتا ہے۔

خبریں ہر شعبہ زندگی سے تعلق رکھتی ہیں اس لئے ان میں متعلقہ شعبے کی اصطلاحات بھی استعمال ہونی چاہئیں کیونکہ علم و فن کی مخصوص اصطلاحات ہوتی ہیں جب تک ان کا صحیح استعمال نہیں ہوتا تب تک علم و فن کے مختلف پہلو واضح نہیں ہوتے۔ اگر ان اصطلاحات کا اردو متبادل ہو تو اسے استعمال کرنا چاہئے اگر نہ ہوں تو جوں کی توں اصطلاح استعمال کی جاسکتی ہے۔ غرض سب ایڈیٹر صرف زبان کی اصلاح ہی نہیں کرتا بلکہ اسے مؤثر بنانے کیلے اصلاح سازی یا موجودہ اصطلاحات کا استعمال بھی کرتا ہے۔ ہر خبر کے مختلف نکات کو الگ الگ پیراگراف میں پیش کرنا بھی خبر کی تحریر کا اہم طریقہ

ہے۔ عموماً خبر رساں اداروں سے آنے والی خبریں مسلسل ہوتی ہیں کوئی پیراگراف کا استعمال نہیں کیا جاتا ایسے موقعوں پر خبر کی پیراگراف میں تقسیم کرنا سب ایڈیٹر کا کام ہے۔ پیراگراف نہ ہوں تو طویل خبریں مطالعہ کرنے میں اکتاہٹ اور بے زارگی کا احساس پیدا ہوتا ہے۔

سب ایڈیٹر کا اہم فرض خبروں کی سرخیاں بنانا ہے۔ ہر وہ خبر جس کی وہ ادارت کرتا ہے یا جس کا ترجمہ کرتا ہے اس پر موزوں سرخی بھی بنانا ضروری ہے۔ کامیاب سب ایڈیٹر وہی کہلاتا جو صحیح اور موزوں سرخی بنا سکتا ہے کیونکہ سرخی میں اتنی جاذبیت ہوتی ہے کہ قارئین محض سرخی کی وجہ سے پوری خبر پڑھنے پر مائل ہوتا ہے۔ ابتدائیہ نگاری اور سرخی بنانے کے مختلف طریقوں سے اسے واقف ہونا چاہئے تاکہ خبر جامع اور مؤثر لگے۔

ریڈیو اور ٹی وی کی خبروں کو بھی اخبار کی زینت بنایا جاتا ہے کیوں کہ کچھ خبریں ریڈیو اور ٹی وی پر پیش ہوتی ہیں مگر اخبار کو موصول نہیں ہوتی ہیں۔ اس لئے اکثر سب ایڈیٹر ہی مختلف ممالک کے ریڈیو اور ٹی وی کی خبروں کو بھی تحریر کرتے ہیں تاکہ اخبار کا قاری کسی دلچسپ خبر سے محروم نہ ہو۔ اس کیلئے سب ایڈیٹر کو ریڈیو مانیٹرنگ جاننا ضروری ہے۔ ریڈیو سے خبریں تیز پڑھی جاتی ہیں۔ جب کہ ٹی وی پر دکھائی جاتی ہیں اس لئے ان خبروں کو تحریر کرنے کیلئے زود نویسی اور مہارت کی ضرورت ہوتی ہے۔

خبر رساں ادارے انگریزی میں ٹیلی پرنٹر کے ذریعہ خبریں ارسال کرتے ہیں۔ ٹیلی پرنٹر ایک ایسا آلہ ہوتا ہے جو ٹائپ رائٹر سے ملتا جلتا ہے یہ دو قسم کا ہوتا ہے۔ ٹرانسمیٹر اور ریسور۔ خبر رساں اداروں کے دفاتر میں ٹرانسمیٹر نصب ہوتا ہے جس میں کی بورڈ ہوتا ہے جس کا کام خبروں کی ترسیل ہے جبکہ ریسور اخباروں کے دفاتر میں لگا ہوتا ہے اس کا کام محض خبروں کی وصولی ہے۔ ٹیلی پرنٹر کے ذریعہ خبریں بھیجنے کو Creed ہر کوئی کریڈ

پڑھ سکتا جب تک اس کے رموز و اسرار اور علامتوں سے واقف نہ ہو۔

ہر اخبار کے دفتر ٹیلی پرنٹر نصب ہوتے ہیں۔ یہ میشن چوبیس گھنٹے چلتی رہتی ہیں۔ ہر میشن میں کاغذ کا ایک استوانہ نما پلندہ لگا ہوتا ہے

جب کوئی خبر نہیں آتی ہے تو مشن خاموش رہتی ہیں جب خبر آتی تو ٹک ٹک شروع ہو جاتی ہے۔ ہر خبر کے اوپر اس کی قسم اور نمبر لگا ہوتا ہے اور آخر میں بھیجنے کا وقت اور ٹائپ کرنے والوں کے نام کے ابتدائی حروف درج ہوتے ہیں۔ اگر اس خبر میں کوئی غلطی نظر آئے تو سب ایڈیٹر خود درست کرنے کی کوشش کرتا ہے۔ اگر کوئی سطر غائب ہو یا دو سطریں خلط ملط ہو گئی ہوں تو سب ایڈیٹر متعلق ایجنسی کو فون کرتا ہے اور خبر کی قسم اور نمبر کا حوالہ دے کر کہتا ہے کہ متعلقہ سطر لکھا دی جائے اگر سب ایڈیٹر ٹرانسمیٹر کے کلیدی بورڈ کے نقشہ سے واقف ہو یا وہ کلیدی بورڈ اسے ازبر ہوں تو وہ ازخود ان ہندسوں اور علامتوں کو حروف میں منتقل کر کے الفاظ بنا لیتے ہیں۔ یہ کلیدی بورڈ عام ٹائپ رائٹر کے کلیدی بورڈ سے بالکل مختلف ہوتا ہے کیوں کہ ٹیلی پرنٹر میں سارے حروف Capital ہوتے ہیں۔

جیسے جیسے خبریں کریڈ ہوتی ہیں وہ چیف سب ایڈیٹر کے میز پر پہنچا دی جاتی ہیں۔ وہ ان خبروں پر ایک نظر ڈال کر اندازہ کرتا ہے کہ یہ چھپنے کے قابل ہے یا نہیں اگر قابل اشاعت ہو تو مکمل دی جائے یا تلخیص؟ اگر تلخیص مقصود ہے تو کس قدر؟ ابتدائیہ لایا جائے کہ نہیں، خبر کی اہمیت کس قسم کی سرخی کی محتاج ہے؟ پھر مختلف ہدایتیں زبانی یا تحریری دیتے ہوئے متعلقہ خبر کو سب ایڈیٹر کے حوالہ کر دیا جاتا ہے اور سب ایڈیٹر حسب ہدایت ترجمہ یا تلخیص کرتا ہے ابتدائیہ لکھتا ہے اور سرخی بناتا ہے گویا خبر کی ادارت کے فرائض انجام دیتا ہے۔

سب ایڈیٹر کو صحافت کا جلاد بھی کہا جاتا ہے کیونکہ وہ موصولہ اخباری مواد پر بغیر قینچی چلائے اشاعت کے لے نہیں بھیجتا اسے ایسا کرنا ضروری بھی ہے کیونکہ ہر چیز اخبار میں شائع نہیں ہو سکتی یہ بھی ایک حقیقت ہے کہ سب ایڈیٹر کو اخبار کا محور یا اخبار کی ریڑھ کی ہڈی بھی کہا جاتا ہے وہ خبروں کو صحیح، جامع، مؤثر اور پر کشش بناتا ہے۔ خبروں کے علاوہ اخبار میں چھپنے والا بیشتر مواد خبروں پر ہی مبنی ہوتا ہے۔ یعنی کالم، ادارے، شذرات، مضامین یا فیچروں کی صورت میں خبروں کا پس منظر، پیش منظر اور تہ منظر ہوتا ہے سب ایڈیٹر کو ان تمام مشمولات پر بھی نظر رکھنی پڑتی ہے۔

مضامین کی زبان اور اسلوب فیچرز سے مختلف ہوتے ہیں۔ مضامین میں دلائل اور اعداد و شمار پر زیادہ توجہ دی جاتی ہے۔ مضامین کی زبان معیاری ہوتی ہے لیکن سب ایڈیٹر اپنی تخلیقی صلاحیتوں کو بروئے کار لاتے ہوئے مضامین یا مقالات کی زبان کو اخبار کے قارئین کے معیار کے مطابق کرنے کی کوشش کرتا ہے۔ متعلقہ موضوع کے اصطلاحات پر توجہ دینا بھی لازم ہے۔ یعنی سب ایڈیٹر صرف خبریں ہی نہیں بلکہ ہر مواد پر اپنی رائے دیتا ہے اور اس کی قطع و برید کر کے اسے اخبار میں اشاعت کے لائق بناتا ہے۔

اخبارات و جرائد میں قارئین کے خطوط کی اشاعت بھی ایک مسلمہ صحافتی روایت رہی ہے چوں کہ یہ خطوط بنام مدیر کے کالم میں شائع ہوتے ہیں اور یہ کالم ادارتی صفحہ پر دیا جاتا ہے۔ ادارتی صفحہ کی ساری ذمہ داری ایڈیٹر پر عائد ہوتی ہے حالانکہ آج کل اخبار کا کوئی ایڈیٹر بھی اداریے نہیں لکھتا اور ادارتی صفحہ کو مرتب کرتا ہے اس کے باوجود ادارتی صفحہ کی ضمن میں ایڈیٹر ہی جواب دہ ہوتا ہے۔

عموماً ان خطوط میں اخبارات کے مندرجات، خبروں، اداریوں، فیچروں، مضامین، تصاویر اور کارٹون وغیرہ پر تنقید کی جاتی ہے۔ ان کی تعریف یا حمایت یا ان پر نکتہ چینی

کی جاتی ہے۔ کبھی کبھی تصویر کا دوسرا رخ دکھانے کی کوشش کی جاتی ہے۔ غرض یہ خطوط اخبار کیلئے نہایت اہمیت کے حامل ہوتے ہیں۔ اصولی طور پر مدیر کو ہی ان خطوط کو پڑھنا چاہیئے اور اشاعت کے لائق خطوط کا انتخاب کرنا چاہیئے لیکن ایسا ہوتا نہیں اس کام کیلئے مدیر کی نظر معاون مدیر یاسب ایڈیٹر پر ہی پڑتی ہے۔

خطوط کے انتخاب کے بعد ان ادارت کا مرحلہ درپیش ہوتا ہے۔ بیشتر مراسلہ نگار اپنی مشکلات و مسائل کے اظہار کیلئے قلم اٹھاتے ہیں کچھ نیم خواندہ ہوتے ہیں وہ اظہار خیال پر قدرت نہیں رکھتے اور کچھ لوگ متعلقہ کالموں کے تقاضوں، صحیح اسلوب بیان اور اختصار کا علم نہیں رکھتے وہ جو کچھ جی میں آئے لکھ بھیجتے ہیں چنانچہ ایسے خطوط کو من و عن نہیں چھاپا جاسکتا ان کو نہ صرف مختصر کرنا پڑتا ہے بلکہ ان کی زبان بھی اصلاح طلب ہوتی ہے اگر کوئی خط غیر معمولی طور پر دلچسپ ہو معلوماتی ہو یا کسی ممتاز شخصیت نے لکھا ہو تو اس پر اختصار کے اصول کا اطلاق کم کرنا چاہیئے لیکن اگر ایسے خطوط زیادہ طویل ہیں تو انہیں مضمون کی صورت میں چھاپا جاسکتا ہے گم نام خطوط کو شائع نہیں کرنا چاہیئے اور ایسے خطوط بھی شامل اشاعت نہیں ہونے چاہئیں جو کسی کی ذاتی زندگی پر کیچڑ اچھالتے ہوں اگر شائع ہونے والے مراسلات کے جواب میں خطوط موصول ہوں تو انہیں ضرور شائع کرنا چاہیئے تاکہ تصویر کے دونوں رخ سامنے آسکیں۔

مراسلات کے کالموں میں بعض معاملات و مسائل پر بحث بھی شروع ہو جاتی ہے اور خطوط کے کالم تحریری مباحثے کی صورت اختیار کر جاتے ہیں اس قسم کے مباحث کو جاری رکھنا چاہیئے البتہ اس بحث کو زیادہ طویل نہیں دینا چاہیئے ایسے خطوط جو اخبار کی پالیسی یا مندرجات پر اختلافات رکھتے ہوں تو انہیں بھی شامل اشاعت کرنا چاہیئے اصول اور قاعدہ یہی ہے کہ خطوط مراسلہ نگاروں کی زبان اور الفاظ ہی میں چھپیں۔ سب ایڈیٹر

کو چاہئے کہ وہ خطوط کو اتنا مختصر نہ کر دے کہ ان کا مفہوم ہی بدل جائے اور اہم نکات خلط ملط ہو جائیں بلکہ مندرجات واضح اور عام فہم ہونے چاہئے اگر کسی اہم مسئلہ پر دوچار خطوط موصول ہوں تو اخبار کو چاہئے کہ اپنے رپورٹر کو اس مخصوص مسئلہ کی چھان بین کیلئے بھیجیں اور حقیقت پر مبنی رپورٹ کو چھاپیں تاکہ اخبار کے قارئین کی الجھن دور ہو سکے۔

سب ایڈیٹر پر لازم ہے کہ وہ خطوط کے کالم کو زیادہ سے زیادہ متنوع بنانے کی کوشش کرے۔ خبروں کی سرخیوں کی طرح خطوط پر عنوانات جماتے وقت احتیاط اور توجہ سے کام کرے۔ سرکاری محکموں سے متعلق خطوط کے تراشے متعلقہ محکمہ تک بھیجے جاتے ہیں۔ ایسی صورت میں متعلقہ محکمہ بھی جوابی خط ارسال کرتا ہے۔ ایسے خطوط کو نمایاں طور پر شائع کرنا چاہئے کبھی کبھار اخباروں میں شائع شدہ خطوط کی گونج اسمبلی کے ایوانوں میں بھی گونجتی ہے۔ اس لئے خطوط بنام مدیر کو بہت اہمیت دی جانی چاہئے۔

علم تمام انسانوں کا ورثہ ہے اس لئے علم کو ایک زبان سے دوسری زبان میں منتقل کرنے کا سلسلہ جاری ہے اور جاری رہے گا۔ اس وقت دنیا میں کوئی ملک ایسا نہیں ہے جس میں علمی ادبی اور سائنسی مواد کو ایک زبان سے دوسری زبان میں منتقل کرنے کا انتظام موجود نہ ہو عام علمی، ادبی اور فنی مواد کا ترجمہ ہو کہ خبروں کا ترجمہ اس کیلئے کچھ رہنمایانہ اصول مقرر ہیں چونکہ اخبار خصوصاً اردو اخباروں میں ترجمے کا کام سب ایڈیٹر کرتے ہیں اس لئے سب ایڈیٹر کو صحافتی ترجمے کے بنیادی قاعدوں سے واقفیت لازمی ہے۔

کوئی شخص اس وقت تک مکمل ترجمہ نہیں کر سکتا جب تک اسے دونوں زبانوں پر عبور حاصل نہ ہو دونوں زبانوں سے جتنی زیادہ واقفیت ہو گی ترجمہ اتنا ہی صحیح ہو گا۔ اردو اخبارات میں ترجمہ کا کام تیزی سے کیا جاتا ہے کیونکہ وقت کی اہمیت کا احساس اخبار کے دفتر میں کچھ زیادہ ہی ہوتا ہے اور خبری مواد سیاسی، اقتصادی، سائنسی، فنی، معاشرتی، علمی

غرض کئی طرح کا ہوتا ہے ۔ کبھی کبھی ایک ہی مترجم کو حادثات، جرائم، کھیلوں، عدالتوں، جلسوں اور جلوسوں کی خبر کا ترجمہ کرنا پڑتا ہے۔ ہر قسم کی خبر کا صحیح اور موزوں ترجمہ کرنے کیلئے اس شعبہ سے واقفیت اور متعلقہ اصطلاحات کا علم ضروری ہے صحافتی مترجم ایک عام مترجم سے زیادہ واقفیت عامہ رکھتا ہو اور وہ زندگی اور معاشرہ کے تمام پہلوؤں اور علوم فنون کی مختلف شاخوں کے بارے میں تھوڑی بہت واقفیت رکھتا ہے۔ اس کے علاوہ صحافتی مترجم کیلئے مفہوم کو کم سے کم الفاظ میں بیان کرنا، مفہوم کی پیچیدگی کو واضح کرنا اور خبر کا پس منظر دینا ضروری ہے۔ اس طرح مترجم کو خبری اقدار سے باخبری اور خبریت کے شعور سے بہرہ ور ہونا لازمی ہے۔

موجودہ دور ایجادات کا، تغیرات کا دور ہے۔ ایجادات اور تبدیلیاں اپنے ساتھ نئے نام اور اصطلاحات لاتی ہیں۔ چنانچہ مترجم کون ان ناموں اور اصطلاحات کو اپنی زبان میں ڈھالتے وقت اپنی زبان میں نئی موزوں اصطلاحات وضع کرنی پڑتی ہے۔ اس لئے سب ایڈیٹر کو اصطلاح سازی کے قواعد اور غیر زبانوں کے الفاظ کو اپنانے کے اصولوں سے باخبر ہونا بھی ضروری ہے۔ اصطلاحات کا لفظی ترجمہ مضحکہ خیز بن جائے گا چنانچہ اصطلاح میں ہونا چاہئے اس سلسلے میں متعلقہ علوم وفنون کا اصطلاحات پر مشتمل کتابیں یا لغات سے استفادہ کیا جانا چاہئے صحافتی ترجمے اور تکنیک پر بحث کرتے ہوئے مولانا عبدالمجید سالک کا کہنا ہے کہ:

"اخباری ترجمے میں سب سے مقدم مصلحت یہ ہے کہ مطلب، بالکل واضح اور عبارت قطعی طور پر سلیس ہو جائے تاکہ عام پڑھنے والوں کو کوئی الجھن نہ ہو اس کے لئے اپنی زبان کا محاورہ سب سے بہتر اور معاون ہوتا ہے۔ اگر اخباری مترجم سادگی، سلاست اور محاورہ اردو کو مد نظر رکھ کر ترجمہ کریں تو خود بھی آرام سے رہیں گے اور پڑھنے والوں

کے ذہن بھی نہ الجھیں گے ان کو چاہئے کہ جہاں انگریزی فقرے کی ترکیب پیچیدہ اور طویل پائیں وہاں اس کی چیر پھاڑ کر دیں۔ پیچیدہ فقروں کو چند سادہ فقروں میں تقسیم کر دیں اور ترجمہ کرنے کے بعد ایک دفعہ پڑھ کر دیکھ لیں کہ آیا اس کا مطلب ادا ہو گیا اگر ہر پہلو سے مطلب ادا ہو گیا ہو تو سبحان اللہ ورنہ ادھر ادھر کی بیشی کر کے اس کو پورا کر دیں۔ ڈکشنری مترجم کا سب سے بڑا ہتھیار ہے اس کو ہر وقت ساتھ رکھنا چاہئے اور کبھی اس غلط فہمی میں نہ رہنا چاہئے کہ ہم بڑے انگریزی داں اور بڑے اردو داں ہیں کیونکہ ممکن ہے وقت پر کسی لفظ کا صحیح اور موزوں ترجمہ نہ سوجھے اور ڈکشنری دیکھنے سے کوئی ایسا نفیس لفظ ہاتھ آجائے جو فقرے میں جان ڈال دے۔ ترجمے کے اصول وضوابط اور مترجم کے اوصاف کے بارے میں آپ ترجمے کے کورس کی کتاب میں تفصیل سے مطالعہ کر سکتے ہیں جو آپ کے نصاب میں شامل ہے۔

صحافت اور صحافی کا بنیادی مقصد لوگوں کو معلومات فراہم کرنا ان کو تعلیم دینا ان کی رہنمائی کرنا اور انہیں تفریح فراہم کرنا ہے"۔

پاکستان کے مشہور صحافی مسٹر احمد بشیر ایڈیٹر اسوسی ایٹیڈ پریس آف پاکستان لاہور نے معاشرے میں صحافی کا کردار کا جائزہ اس طرح لیا ہے۔ "میرا دائرہ کار پوری دنیا میں محیط ہے۔ میری سرگرمیوں کے میدان متنوع اور مختلف ہیں اور میرے قلم کی طاقت ایسی ہے کہ خدا تعالیٰ نے بھی اس کی قسم کھائی ہے میں کسی شخص، ادارے، معاشرے یا قوم کو بنا اور بگاڑ سکتا ہوں۔ اسی تناسب سے میری ذمہ داری بھی بے حد عظیم ہے"۔

اخباری دفتر میں سب ایڈیٹر کا کام کلیدی حیثیت رکھتا ہے اور رپورٹر، نامہ نگار اور نمائندگان خصوصی کی حاصل کردہ خبروں یا دوسرے متعدد ذرائع سے آئی ہوئی خبروں کی چھان بین اور ان کو قابل اشاعت بنانے کی ذمہ داری سب ایڈیٹر کی ہوتی ہے اس لئے

اسے نہایت احتیاط اور باریک بینی سے کام لینا پڑتا ہے۔ اس کی ذراسی لغزش بڑی بڑی غلط فہمیاں پیدا کر سکتی ہے۔ توہین عدالت یا ازالہ حیثیت عرفی جیسے مقدمات کا سامنا کرنا پڑتا ہے، مالکان اخبار کا عتاب عموماً سب ایڈیٹر پر گرتا ہے اور اس کی برسوں کی محنت اور تجربہ کو یکلخت نظر انداز کر دیا جاتا ہے اور فوری ملازمت سے بھی برطرف کر دیا جاتا ہے۔ چنانچہ سب ایڈیٹر کو سچائی، غیر جانبداری، اخبار کی پالیسی اور شائستگی کا پورا پورا لحاظ رکھنا پڑتا ہے۔

ضرورت اس بات کی ہے کہ سب ایڈیٹرز کے مسائل پر توجہ کی جانی چاہیے۔ انہیں ان کا مقام دینا چاہیے تاکہ وہ گمنامی کے دائرے سے باہر نکل سکیں۔ ان کے مشاہیرہ پر خصوصی توجہ دی جاے اور انہیں وہ تمام سہولتیں دستیاب ہونی چاہیے جو ایک صحافی کو دی جاتی ہیں۔

Newspaper Sub-Editor, an Anonymous journalist. Essay: Dr. Fazlullah Mukarram

***

جاری رہا۔ اس اخبار سے قبل اردو اخبارات میں اداریے لکھنے کا رواج نہیں تھا، اس گزٹ نے اسے عام کیا اور سرسید نے ایسے اداریے تحریر کیے جن کے مطالعہ سے پتہ چلتا ہے کہ وہ صحافت کے ہر پہلو پر گہری نظر رکھتے تھے۔ اس طرح یہ اخبار اردو میں مقصدیت کو فروغ دینے والا پہلا اخبار کہا جاسکتا ہے۔ اس اخبار کی خصوصیات کا ذکر کرتے ہوئے مولانا حالی لکھتے ہیں: "اس اخبار کی بڑی خصوصیت یہ تھی کہ اس کا ایک کالم انگریزی میں اور ایک کالم اردو میں ہوتا تھا اور بعض مضامین اردو میں الگ اور انگریزی میں الگ چھاپے جاتے تھے۔ اس لئے اس سے انگریز اور ہندوستانی، یکساں فائدہ اٹھاسکتے تھے۔ اس کا خاص مقصد گورنمنٹ اور انگریزوں کو ہندوستانیوں کے حالات و معاملات اور خیالات سے آگاہ کرنا اور ان میں پولیٹیکل خیالات اور قابلیت اور مذاق پیدا کرتا تھا۔" (حیات جاوید:۱۳۱) اس اخبار نے اردو قارئین کے باشعور طبقہ کے ذہنوں کو کافی حد تک متاثر کیا اور انہیں جدید علوم و فنون کی طرف راغب کرنے میں نمایاں کردار ادا کیا۔ جس سے ہندوستانیوں کے جامد تصورات متحرک کرنے میں مدد ملی۔ اس کا اجراء اگرچہ ایک ہفتہ وار کی حیثیت سے ہوا لیکن جیسا کہ اس کے نام ہی سے ظاہر ہے، اس سے ان کا مقصد مسلمانوں کو تقلیدی دائرے سے نکال کر ان کے اخلاق کی تہذیب کرنا تھا۔ سرسید کی صحافتی خدمات کا سب سے بڑا کارنامہ "تہذیب الاخلاق" ہے جس کا انگریزی نام "The Mohammedan Social Reformer" تھا۔ سرسید اپنے انگلستان کے سفر سے واپسی کے ساتھ ہی اس کے اجرا کا خواب اور سرناموں کی تختیاں ساتھ لے کر آئے تھے۔ اس کا پہلا شمارہ ان کے ولایت سے واپسی کے دو مہینے بعد شائع ہوا۔ ان کے اس عزم مصمم کی دلیل کے لئے یہ دو اقتباسات ملاحظہ فرمائیں:

سرسید اطلاعاً مولانا مہدی علی خاں کو تحریر فرماتے ہیں، میں نے سال بھر کا کاغذ

خرید لیا ہے۔ اس کا ماہانہ خرچ سو روپے ہو گا، ہم بیس دوست پان چپانچ روپے مہینہ کے حساب سے دیں گے اور اخبار مفت بانٹیں گے اور یہ قیمت بھی بچیں گے۔"(تاریخ صحافت:۸۳)

مولانا حالی لکھتے ہیں:" انہوں نے اس پرچہ کے نکالنے کا ارادہ ولایت ہی میں کر لیا تھا، کیونکہ تہذیب الاخلاق کی پیشانی پر جو اس کا نام اور لیبل چھپتی تھی اس کا ٹائپ وہ لندن سے بنوا کر اپنے ساتھ لائے تھے۔"(حیات جاوید:۱۶۴) سرسید اس رسالہ کے ذریعے مسلم قوم کی ذہنی تعمیر، روشن خیالی، حریت فکر اور جدید تعلیم سے دلچسپی پیدا کرنے کے خواہاں تھے، اپنے مقصد کی وضاحت کرتے ہوئے لکھتے ہیں: اس پرچے کے اجرا سے مقصد یہ ہے کہ ہندوستان کے مسلمانوں کو کامل درجہ کی سویلزیشن یعنی تہذیب اختیار کرنے پر راغب کیا جاوے، تاکہ جس حقارت سے سویلائزڈ یعنی مذہب قومیں انہیں دیکھتی ہیں، وہ رفع ہو اور وہ بھی دنیا میں معزز و مہذب قومیں کہلاویں۔"(ادب نما:۲۷۷)

اس اقتباس کو پڑھ کر لگتا ہے کہ اس رسالہ کا اجرا ایک ولولہ کے طور پر عمل میں آیا تھا، جس کا اصل مقصد خواب غفلت میں پڑی قوم کو بیدار کرنا تھا اور ان کے اس مشن میں ان کے رفقاء نے ان کا بھرپور تعاون بھی کیا۔ ڈاکٹر انور سدید لکھتے ہیں: سرسید کے رفقاء میں حالی، شبلی، نذیر احمد، ذکاء اللہ، چراغ علی، وقار الملک نے انہیں مقاصد کے تحت اس پرچے میں علمی، ادبی، فکری اور تہذیبی مضامین لکھ کر اور عام لوگوں کے فکری افق کو بلند کیا۔"(اردو ادب کی مختصر تاریخ:۳۳۶)

سرسید نے مختلف موضوعات میں طبع آزمائی کی، ان کے مضامین نے لوگوں کو بہت حد تک متاثر کیا بلکہ ان کی تحریر اس قدر اثر انداز ہوتی تھیں کہ کہا جاتا ہے کہ جس

قدر لوگوں کو متاثر کیا، کم ہی تحریروں نے کیا ہو گا۔ ان کے مضامین مختصر، عام فہم اور اپنے مقصد پر حاوی ہوتے تھے۔ اپنے مقصد کے حصول میں انہیں بہت سی رکاوٹوں کا بھی سامنا کرنا پڑا اور مخالفتوں کا سامنا بھر کرنا پڑا، جیسا کہ شیخ محمد اکرام رقم طراز ہیں :

"اس میں کئی ایسی مذہبی باتوں کا ذکر ہوتا تھا، جو عوام کو طبعاً ناگوار ہوتی تھیں۔ چنانچہ ابھی اس پرچے کے دو تین نمبر ہی نکلے تھے کہ چاروں طرف سے اس کی مخالفت شروع ہو گئی، اور علی گڑھ کالج کے افتتاح سے سات آٹھ سال پہلے سر سید انگریزی تعلیم کی ترویج سے نہیں بلکہ اپنے معاشرتی اور تہذیبی مقاصد کی وجہ سے مسلمانوں میں نیچری اور کرسٹان کہلانے لگے۔"

انہی وجوہات کی بنا پر تہذیب الاخلاق چھ سال بعد بند ہو گیا۔ اس پر بعض بہی خواہوں نے دوبارہ اجرا کا تقاضا کیا، تو تین سال بعد پھر جاری ہوا اور سر سید کی دیگر مصروفیات کے سبب دو سال، پانچ مہینے جاری رہ کر پھر بند ہو گیا۔ تیسری بار نواب محسن الملک کی تحریک پہ اسے پھر سے جاری کیا، لیکن معاملہ چل نہ سکا اور تین سال کے بعد اسے "علی گڑھ انسٹی ٹیوٹ گزٹ" کے ساتھ ملحق کر دیا گیا۔ سر سید کی اردو صحافت نے ایک طرف طرز نو کی ایجاد کی اور صنف انشائیہ کو بھی فروغ بخشا تو دوسری طرف ان کی تعلیمی تحریک کو بھی استحکام عطا کیا۔ انہیں کی کوششوں سے اردو نثر کے مزاج میں سلاست کے ساتھ تبدیلی آئی، اسی لئے انہیں بجا طور پر "جدید اردو نثر کا بانی" کہا جاتا ہے۔

Sir Syed Ahmed Khan and urdu journalism. Essay: Nadim Ahmed Ansari

***

۸

اردو کے بعض اہم ادبی رسائل و جرائد کے اشاریوں کی وضاحت

غلام نبی کمار

رسالے قوم کا ایک اہم اثاثہ اور ترجمان ہوتے ہیں جو بڑے وسیع پیمانے پر علمی و ادبی، سیاسی و سماجی، مذہبی و تہذیبی، معاشرتی و ثقافتی اور اخلاقی و اقداری وغیرہ علمی ذخائر کا منبع اپنے اندر سمیٹ کے رکھیں ہوتے ہیں۔ یہ علمی ذخیرہ قوم کے ہر فرد اور ہر طبقے، خواندہ اور ناخواندہ، چھوٹے اور بڑے، مرد اور عورت، امیر اور غریب غرض

ہر ایک کی بلواسطہ یا بلاواسطہ، بلا تفریق اور تمیز کے رہنمائی اور ترجمانی کرتا ہے۔ رسالے عوام کے جذبات و احساسات اور خیالات کی ترجمانی اور نمائندگی کرتے ہیں اور اسی بنا پر عوام کو رسائل و جرائد کے اندر پوشیدہ مواد کی پشت پناہی حاصل ہوتی ہے۔ اس اعتبار سے ادبی جریدے قوم و فرد کے معیار کو بڑھانے میں اہم رول ادا کرتے ہیں۔ رسائل میں درج مواد کی حیثیت اور وقعت کسی سند سے کم نہیں۔ رسائل و جرائد کی عمر سینکڑوں سالوں پر بھی محیط ہو سکتی ہے اور ایک سال یا ایک دو مہینے بھی یا اسے بھی کم۔ رسائل و جرائد میں ایک کثیر تعداد میں مختلف النوع کے مضامین شائع ہوتے رہتے

ہیں جو تنقید و تحقیق کے میدان سے تعلق رکھنے والے اہل علم حضرات اور محققین کے لئے راہ راست کا باعث بنتے ہیں۔ سینکڑوں قسم کے رسائل میں کسی خاص موضوع کو تلاش کرنا آسان کام نہیں۔ اس صورت میں صرف اشاریہ ہی ایک فرد کی صحیح رہنمائی اور رہبری کر سکتا ہے اور کئی دن، مہینوں یا سالوں کی تحقیق و جستجو کے باوجود نہ ملنے والے مواد کی تلاش چند منٹوں کی جا سکتی ہے۔ کس رسالے اور کس جگہ مواد دستیاب ہے بآسانی اس کا پتہ لگایا جا سکتا ہے۔ ایک محقق اپنی تحقیق کو نقطہ آغاز سے انجام تک پہنچانے کے لیے کیسے کیسے دقیق مراحل سے گزرتا ہے، کس قدر عرق ریزی سے مواد مہیا کرتا ہے اور حوالہ جات کو تلاش کرنے نیز انہیں محفوظ کرنے کے لیے کتنی اور کیسی جاں توڑ محنت کرتا ہے کچھ اسی کو معلوم ہوتا ہے۔ لیکن ایک اشاریہ اور اشاریہ ساز محقق کی مذکورہ دشواریوں کو نہ صرف آسان کر دیتا ہے۔ بلکہ اشاروں اشاروں میں ایک ایسی حوالجاتی دنیا بسا دیتا ہے جو محقق کے خوابوں کو تعبیر سے آباد ہونے میں غیر معمولی تعاون عطا کرتی ہے۔ یہی رسائل و جرائد کتب خانہ کی زینت بنتے ہیں، کتب خانے کو روشن کرتے ہیں اور ان کو محفوظ رکھنے کی ضمانت بھی کتب خانہ یا لائبریری ہی دے سکتا ہے۔ کچھ وقت بعد یہ رسالے جلد شکستہ ہو جاتے ہیں ان کا کاغذ ٹوٹنے و پھٹنے لگتا ہے اس صورتِ حال میں اشاریہ ہی اہم ماخذ کی حیثیت رکھتا ہے وہ اس معنوں میں کہ اگر کسی کتب خانے میں دستیاب رسالہ بری یا بوسیدہ حالت میں ہیں یہاں تک کہ اس میں درج عبارت کو پڑھنا مُحال ہے تو اسی رسالے کے، اسی شمارے، اسی مضمون یا اسی عبارت کو صرف اور صرف اشاریہ کی مدد سے ہی کسی دوسرے کتب خانے میں بآسانی اور بنا کسی پریشانی کے حاصل کیا جا سکتا ہے۔ اس لیے لازمی بنتا ہے کہ یونیورسٹیاں اور دیگر تعلیمی ادارے اپنے یہاں کتب خانوں میں بھی موجود رسائل و جرائد کے اشاریے تیار کرنے کا

اہتمام کریں۔ صرف ایک مضمون کو قلم بند کرنے سے اتنے اچھے موضوع پر خامہ فرسائی اس بات کی گواہی نہیں دیتی کہ اس کی حق شناسی ادا ہو گئی بلکہ یہ اس کے ساتھ حق تلفی ہو گی۔ ابھی تک ہندوپاک میں جن اردو رسائل کے اشاریے تیار کیے گئے ہیں ان سبھی پر اور ان سب کی خدمات کو ایک مضمون میں لکھنا مناسب تو نہیں ہے تاہم راقم الحروف کو جن دستیاب رسائل کے اشاریوں سے سابقہ پڑا ان کی تفصیل ذیل میں پیش کی جا رہی ہیں۔

ا۔ اشاریہ ماہنامہ "تہذیب الاخلاق" (علی گڑھ)

تہذیب الاخلاق کو سرسید احمد خان نے ۱۸۷۰ء میں جاری کیا تھا۔ اس رسالے کے جاری کرنے کا مقصد مسلمانوں کی اصلاح کے ساتھ ساتھ ترقی تعلیم سے آگاہ کرنا تھا بلا شبہ اس رسالے نے یہ مفید خدمت انجام دی۔ اس کے ساتھ اس نے مسلمانوں کے تہذیبی و تمدنی جلوؤں کو پیش کرنے اور ان پر جو گرد اڑائی جا رہی تھی اسے صاف کرنے کی کوشش کی۔ اردو زبان و ادب کی ترقی اور اس کے فروغ و اشاعت میں بھی اس کا نمایاں کردار رہا ہے۔

اس کا اشاریہ " مندرجات تہذیب الاخلاق" کے نام سے ڈاکٹر ضیاء الدین انصاری نے مرتب کیا، جو ۱۸۷۰ء کی اشاعتوں پر مشتمل ہے اس کی ترتیب عنوانات اور مصنفین کی الف بائی ترتیب پر ہے، جا بہ جا نوٹ بھی فاضل مرتب نے لکھ کر اس سے استفادہ کو مزید آسان بنانے کی کوشش کی ہے، البتہ موضوعات کے لحاظ سے بھی اس کے مندرجات کی تفصیل ہونی چاہئے تھی۔ اس سے گو ضخامت بڑھ جاتی، لیکن استفادہ مزید آسان ہو جاتا۔ اس کے بعد علی گڑھ مسلم یونیورسٹی سے "رسالہ تہذیب الاخلاق کا توضیحی اشاریہ" کے نام سے آفتاب عالم نے ۱۹۹۱ء میں اس کا دوسرا اشاریہ ۱۸۷۰ء سے

۱۸۷۶ء تک ترییب دیا۔ لیکن یہ سلسلہ یہی نہیں تھا بلکہ اس کے کچھ سال بعد ہی فرح تبسم نے "رسالہ تہذیب الاخلاق کا توضیحی اشاریہ" کے نام سے اس رسالے کا تیسرا اشاریہ ۱۹۹۷ء میں ۱۸۷۹ء سے ۱۸۹۴ء تک کے شماروں پر ترتیب دیا۔ اوالذ کے بعد کے دونوں اشاریے غیر مطبوعہ حالت میں ہے۔ ضرورت اس بات کی ہے کہ انہیں سائنسی طریقوں اور اصولوں وضابطوں کے مطابق ترتیب دے کر شائع کر کے منظر عام پر لایا جائے۔ تاکہ تحقیقی میدان سے وابستہ افراد مذکورہ اشاریوں سے مستفید ہو جائیں۔

۲۔ اشاریہ ماہنامہ "معارف" (اعظم گڑھ)

ماہنامہ "معارف" اعظم گڑھ اردو کا سب سے اہم اور معیاری علمی و تحقیقی رسالہ ہے۔ اِسے علامہ شبلی نعمانی کی خواہش کے مطابق سید سلیمان ندوی نے اپنی ہی ادارت میں دارالمصنفین، اعظم گڑھ سے جولائی ۱۹۱۶ء / رمضان ۱۳۳۴ھ میں جاری کیا۔ یہ ماہنامہ تب سے آج تک بڑی آب وتاب کے ساتھ مسلسل شائع ہو رہا ہے۔ اس کی ایک طویل اور شان دار تاریخ ہے۔ علم وفن کا شاید ہی کوئی ایسا گوشہ ہو جس پر معارف میں اظہار خیال نہ کیا گیا ہو۔ اس کی حیثیت علوم اسلامیہ کی ایک اردو انسائیکلوپیڈیا سے کم نہیں۔ علامہ اقبال نے ایک خط میں لکھا تھا کہ " اس سے حرارت ایمانی میں تازگی پیدا ہوتی ہے"۔ معارف کی ضرورت وافادیت کے پیش نظر اور اس کے محفوظ سرمایہ علم تک رسائی حاصل کرنے کے لیے اس کا اشاریہ ترتیب دیا گیا۔

اس سلسلے میں سب سے پہلی کوشش ڈاکٹر رضا بیدار نے کی۔ انھوں نے معارف کا ۱۹۱۶ء سے ۱۹۷۰ء تک کا اشاریہ مرتب کر کے شائع کیا۔ اس اشاریہ کی تقدیم وترتیب ثانی شائستہ خان نے انجام دی۔ اس کی ترتیب موضوعاتی ہے۔ ترتیب میں مندرجات کو ۲۷ خانوں میں پھانٹ دیا گیا ہے اور ان کے عنوان دے دیئے گئے ہیں ان کی مزید ذیلی

تقسیم بھی ہوئی ہے مگر یہ سرخیوں کے ساتھ نہیں ہے۔ اشاریہ میں سب سے پہلے مقالہ کا عنوان ہے۔ پھر بریکیٹ میں مصنفین کا نام، پھر رسالہ کی جلد اور شمارہ کا حوالہ۔ مقالہ کا عنوان اگر خود توضیحی نہیں، تو نیچے ایک لکیر دے کر اس کے بارے میں مختصر سی وضاحت کر دی گئی ہے۔ مصنف کا نام نہ ہونے کا مطلب یہ ہے کہ یا تو وہ اداریہ ہے، یا مدیر ہی کا مقالہ۔ ماہ وسال اور صفحات کا اندراج نہیں کیا گیا ہے۔ مذکورہ اشاریے میں اگرچہ سائنسی اصولوں کی مکمل طور پر پیروی نہیں کی گئی ہے لیکن اشاریہ ہر حالت میں محققین کو ٹھوکر کھانے سے محفوظ رکھ سکتا ہے۔

ماہنامہ معارف کا دوسرا اشاریہ محمد سہیل شفیق "تاریخ اسلام کراچی یونیورسٹی" نے مرتب کیا۔ اس میں ۱۹۱۶ء سے ۲۰۰۵ء تک کے مضامین کا احاطہ کیا گیا ہے۔ ترتیب میں جولائی ۱۹۱۶ء سے جون ۲۰۰۵ء تک کے مقالات کے عنوانات اور مقالہ نگاروں کے نام زمانی ترتیب کے مطابق جلد، شمارہ اور ماہ وسال کی تعیین کے ساتھ اور پھر موضوعات کے لحاظ سے ان کا اندراج کیا گیا ہے۔ اس کے بعد اشاریۂ مصنفین ہے۔ یہ اشاریہ گذشتہ اشاریہ کے مقابلے زیادہ مبسوط ہے۔ لیکن اس میں بھی جدید اصول اشاریہ سازی کے لحاظ سے کمیاں راہ پا گئی ہیں۔ معارف کا تیسرا اشاریہ ڈاکٹر جمشید احمد ندوی نے مرتب کیا ہے جو معارف کے جولائی ۱۹۱۶ء سے دسمبر ۲۰۱۱ء تک کے سبھی شماروں کا احاطہ کرتے ہیں۔ یہ جلد اول باعتبار مضامین ہے اس کی ضخامت ۷۲۳ صفحات پر مشتمل ہے۔ اس اشاریہ کو مضامین، مضمون نگار اور موضوعات کے عناوین کے تحت تقسیم کیا گیا ہے اور ہر عنوان کے لیے ایک جلد مختص کی گئی ہے۔ پہلے دونوں اشاریوں کی بہ نسبت اس اشاریہ کو سائنسی اصولوں کے مطابق ڈھالا گیا ہے۔ مضمون، مضمون نگار، جلد، شمارہ، ماہ و سال اور صفحات سب چیزوں کا اندراج کیا گیا ہے۔

۲۰۱۶ء کا سال معارف کے قارئین کے لئے اس اعتبار سے بھی خوش آیند ہے کہ اسی سال اس کی ایک صدی (سنچری) یعنی سو سال پورے ہو جاتے ہیں۔ ان سو سالوں میں معارف میں کس کس نے لکھا؟ کیا لکھا؟ کس جلد اور کس شمارے میں شائع ہوا؟ سنِ اشاعت یعنی ماہ و سال کیا تھا؟ مضمون کی ضخامت کیا تھی؟ کن موضوعات پر لکھا گیا؟ غرض یہ ساری معلومات ہمیں ایک ہی جگہ "اشاریہ معارف" میں مل جاتی ہے۔ تحقیق کو استحکام بخشنے اور ساتھ ساتھ دیرپا اور پائیدار بنانے میں یہ اشاریائی کتاب معاون ثابت ہو سکتی ہے۔

۳۔ اشاریہ ماہنامہ "نگار" (لکھنؤ)

رسالہ "نگار" کا اجراء اردو ادب کے ایک ممتاز ادیب ،افسانہ نگار، شاعر، نقاد، دانشور، صحافی، انشائیہ نگار اور محقق جناب نیاز فتحپوری نے ۱۹۲۲ء میں لکھنؤ سے کیا۔ نیاز فتحپوری کی زندگی کا سب سے بڑا اور اہم کارنامہ "نگار" کو ہی شمار کیا جاتا ہے۔ جو مسلسل چوالیس (۴۴) برسوں تک ہندوپاک کی سرزمین کو شاداب و سیراب کرتا رہا۔ رسالہ نگار کی عمر ہندوستان میں کافی طویل رہی۔ جب کہ پاکستان میں اس کی عمر صرف چار سال رہی۔ نگار کا سفر ۱۹۲۲ء سے ۱۹۶۶ء تک محیط ہے۔ جس میں چالیس سال ہندوستان اور چار سال پاکستان میں اس کی اشاعت ہوتی رہی۔ لیکن یہ بات ذہن نشین کرنی لازمی ہے کہ آزادی ۱۹۴۷ء تک دونوں ممالک کے لوگ نگار سے مستفید ہوتے رہیں۔ پاکستان میں نگار کی اشاعت کی وجہ یہ تھی کہ نیاز فتحپوری ۱۹۶۲ء میں پاکستان ہجرت کر گئے تھے۔ نگار نے ۱۹۶۲ء تک کل ۳۶ خاص نمبر شائع کیے جن میں مومن نمبر، بہادر شاہ ظفر نمبر، غالب نمبر، اردو شاعری نمبر، مصحفی نمبر، نظیر نمبر، انتقاد نمبر، افسانہ نمبر، حسرت نمبر، داغ نمبر ،اقبال نمبر وغیرہ خاص طور پر قابل ذکر ہیں۔ نگار میں اردو ادب کی تقریباً ہر صنفِ ادب

سے متعلق مضامین شائع ہوتے رہیں۔ لیکن آج ادب کا ایک طالب علم جب کسی موضوع پر قلم اٹھاتا ہے کہ نگار کے اوراق پر اس کو ماضی کی تمام حکایتیں اور واقعات کی معلومات یکجا مل جاتی ہیں۔ لیکن چالیس سال کی فائل یعنی تقریباً پونے پانچ سو شماروں سے اپنے مواد کو تلاش کرنا ریسرچ اسکالر کے لیے ناممکن نہیں تو دشوار ضرور ہے۔ لہٰذا نگار کی علمی، ادبی، لسانی اور مذہبی افادیت کے پیشِ نظر جناب ڈاکٹر عطا خورشید نے چالیس سال کے عرصے پر محیط نگار کا ایک جلد میں "اشاریہ" تیار کیا ہے۔ یہ ایک موضوعاتی اور وضاحتی اشاریہ ہے ۔جس میں انھوں نے مضامین کو موضوعات کے اعتبار سے تقسیم کر دیا ہے۔ ہر اُس عنوان کو جس سے موضوع کی وضاحت نہیں ہوتی ہے ایک دو جملوں میں وضاحت کر دی گئی ہے۔ موضوعات کی تقسیم سہل سے سہل تر بنانے کے لیے بنیادی موضوع کے تحت تمام عنوانات کو یکجا کر دیا گیا ہے پھر ان عنوانات کو مختلف موضوعات کے تحت رکھا گیا ہے پھر اسے شاخوں میں تقسیم کیا گیا ہے۔ مثال کے طور پر تنقیدی موضوعات کو ذیلی عنوانات جیسے خصوصی تنقید اور عمومی تنقید میں تقسیم کر دیا گیا ہے۔ شاعری میں تمام موضوعات کو الفبائی ترتیب سے پیش کیا گیا ہے۔ ادب کو مشرقی ادب اور مغربی ادب کے حصوں میں تقسیم کیا گیا ہے اور پھر ان کو بھی ذیلی عنوانات میں تقسیم کیا گیا ہے۔ جن موضوعات کے تحت اشاریہ نگار کو ترتیب دیا گیا۔ ان میں چند درج ذیل ہیں جیسے۔۔۔ اخلاقیات، ادب، اسلامیات، اشتراکیت، اقتصادیات، انسانیات، پاکستان، تاریخ، تذکرے، تعزیرات، تعلیمات، تقویم، تنقید، جغرافیہ، جفر، خیل، حیاتیات، دست شناسی، روحانیات، ریاضی، زراعت، سائنس، صحافت، لسانیات وغیرہ۔ اندراجات میں عنوان، مقالہ نگار کا نام اور ماہ و سال وغیرہ درج ہے جب کہ نمبر شمار، جلد نمبر اور صفحات کی نشاندہی نہیں کی گئی ہے۔

۴۔ اشاریہ ماہنامہ "جامعہ" (دہلی)

رسالہ جامعہ کا شمار ہندوستان کے چند گنے چنے ماہناموں میں ہوتا ہے۔ اس ماہنامے کا اشاعت ۱۹۲۳ء میں عمل میں آئی۔ یہ رسالہ ذاکر حسین انسٹی ٹیوٹ آف اسلامک اسٹڈیز، جامعہ ملیہ اسلامیہ کی وساطت سے آج بھی بڑی شان اور جاہ و جلال کے ساتھ نکلتا ہے۔ اس طرح ۹۳ سال سے استقلال کے ساتھ اردو علم و ادب کی خدمت انجام دینے میں پیش پیش ہے۔ اس کا پہلا شمارہ جنوری ۱۹۲۳ء میں علی گڑھ سے نورالرحمٰن اور شریک مدیر ڈاکٹر یوسف حسین خان کی ادارت میں شائع ہوا۔ اس کے بعد بھی "جامعہ" کی ادارت ہمیشہ اردو ادب کے بڑے بڑے لوگ سنبھالتے رہے ہیں۔ جن میں مولانا اسلم جیراجپوری، ڈاکٹر سید جمال الدین، ڈاکٹر صغرا مہدی، ڈاکٹر سید عابد حسین، پروفیسر ضیاء الحسن فاروقی، پروفیسر نورالحسن ہاشمی، پروفیسر یوسف حسین خاں وغیرہ حضرات شامل ہیں۔ "جامعہ" نے اپنے علمی اور ادبی مضامین اور یادگار سالناموں کی بدولت بڑی شہرت و مقبولیت پائی ہے۔

رسالہ جامعہ کا سب سے پہلا اشاریہ خدا بخش اورینٹل پبلک لائبریری، پٹنہ نے ۱۹۹۵ء میں شائع کیا۔ اسے شعائر اللہ خاں نے اپنے دو رفقائے کار کی مدد سے مرتب کیا ہے۔ اشاریہ دو حصوں پر مشتمل ہے۔ پہلا حصہ اشاریے کا متن ہے۔ جس میں شماروں کے جملہ مندرجات کو ادب، اخلاقیات، تاریخ، تذکرہ، کتب خانے اور ہندوستانی مسلمان جیسی چند موضوعی سرخیوں کے تحت الفبائی ترتیب سے درج کیا گیا ہے۔ کسی ایک سرخی کے تحت مقالات، افسانے، کہانیاں وغیرہ کو الفبائی تسلسل میں درج کیا گیا ہے۔ مضمون کی نشاندہی کے لئے جلد نمبر و شمارہ نمبر، سن و مہینہ کی تفصیل دی گئی ہے۔ لیکن صفحات کے نمبر شمار نہیں دیے گئے ہیں۔ اشاریے کا دوسرا حصہ مصنف وار ہے جس میں مصنف

کے نام کے سامنے متنِ اشاریہ میں اس کے مضمون کا نمبر درج کیا گیا ہے۔

رسالہ جامعہ کا دوسرا اشاریہ فرزانہ بی بی نے اپنے پی۔ ایچ۔ ڈی تھیسس کے طور پر مرتب کیا ہے جس کا عنوان "رسالہ جامعہ کا تنقیدی اشاریہ " ہے۔اس اشاریے میں انھوں نے متنِ اشاریہ کو آٹھ موضوعی عنوانات کے تحت تقسیم کیا ہے۔ جیسے شذرات، تعلیمی، تاریخی، تہذیبی، سیاسی، شخصی، اور ادبی مضامین ہے۔ ہر عنوان کے تحت پہلے مضامین عنوانات کی الفبائی ترتیب ہے اس کے بعد چند مضامین پر وضاحتی انداز سے چند سطری نوٹ ہیں۔ اشاریہ میں مصنفِ اشاریہ نہ ہونے کی وجہ سے اس کی حوالجاتی افادیت کم ہو جاتی ہے۔ موضوعی عنوانات بھی مضامین کی وضاحت نہیں کرتے۔ مثال کے طور پر شذرات، ادب، سیاست، تہذیب و تاریخ کسی بھی موضوع پر ہو سکتا ہے لیکن بذاتِ خود کوئی موضوع نہیں ہو سکتا ہے۔ شخصی مضامین کو بھی سیاسی، تاریخی، ادبی مضامین وغیرہ کے عوانات کے تحت فرد کے دائرہ اختصاص کے مطابق درج کرنا زیادہ مناسب تھا جو کہ اس کے برعکس ہے۔ ذکر کیے گئے دونوں اشاریے جامعہ کے دورِ اول یعنی ۱۹۲۳ء تا ۱۹۴۷ء تک شائع شدہ مندرجات کا احاطہ کرتے ہیں۔ رسالہ جامعہ کا تیسرا اشاریہ محفوظ الرحمان خاں سابق ڈپٹی لائبریرین ڈاکٹر ذاکر حسین لائبریرین نے بھی مرتب کیا تھا جس میں ۱۹۸۹ء تک کے مندرجات کا احاطہ کیا گیا ہے۔ لیکن کسی وجہ سے وہ اشاریہ شائع نہیں کیا جا سکا۔

رسالہ جامعہ کا تیسرا مطبوعہ اشاریہ "اشاریہ رسالہ جامعہ" کے عنوان سے جنوری ۲۰۱۲ء میں شائع ہوا۔ یہ ضخیم اشاریہ پانچ جلدوں پر مشتمل ہے جس کے مرتب ڈاکٹر شہاب الدین انصاری ہیں اور اس کو شائع کرنے کا شرف ذاکر حسین انسٹی ٹیوٹ آف اسلامک اسٹڈیز کو حاصل ہے۔ یہ اشاریہ پچھلے سبھی اشاریوں کے بہ نسبت مبسوط اور

جدید اصولوں اور تقاضوں کے مطابق تیار کیا گیا ہے۔ اشاریہ رسالہ جامعہ ۱۹۲۳ء تا ۱۹۴۷ء اور ۱۹۶۰ء تا ۲۰۰۸ء کے سبھی مطبوعہ شماروں کا احاطہ کرتا ہے۔ اس اشاریے کو چار حصوں میں تقسیم کیا گیا ہے۔ پہلا حصہ رسالہ جامعہ کی طباعتی تفصیلات جیسے جدول اشاعتی تفصیلات، رسالہ جامعہ کے خاص نمبر، رسالہ جامعہ کے خاص عنوانات، رسالہ جامعہ کے مدیران اور ارکانِ مجلس مشاورت، رسالہ جامعہ کے مدیران مع مدتِ ادارت وغیرہ پر مشتمل ہیں۔ دوسرا حصہ مقالات، موضوعی اشاریہ مقالات، اشاریہ مترجمین و مرتبین مقالات، تیسرا حصہ اشاریہ اردو کلام، شعری تخلیقات اردو، اشاریہ فارسی کلام، تعلیمی دنیا و تعلیمی مسائل، اشاریہ احوال و کوائف جامعہ وغیرہ، چوتھا حصہ ضمیمہ برائے اشاریہ ۱۹۹۴ء تا ۲۰۰۸ء پر مشتمل ہیں جس میں اداریے شمیم حنفی، مضامین، اشاریہ تخلیقی ادب، تبصرے، کتابیات، وغیرہ شامل ہیں۔ اس کی ترتیب میں سائنٹفک اصولوں اور ضابطوں کو ملحوظ نظر رکھا گیا ہے۔

۵۔ اشاریہ ہفتہ وار "سچ" (لکھنؤ)

مولانا عبد الماجد دریا آبادی نے ۱۹۲۵ء میں ہفتہ وار سچ جاری کیا۔ مولانا صاحب کے ساتھ رسالے کی ادارت میں مولوی عبد الرحمٰن نگرامی اور حاجی ظفر الملک لکھنوی بھی تھے۔ لیکن بعد میں ان دونوں صاحبان نے رسالے سے اپنا تعلق منقطع کیا اور پھر مولانا نے رسالے کا بھار اکیلے کاندھوں پر اُٹھایا۔ نو سال بعد جب ۱۹۳۳ء میں جب انھوں نے تفسیر قرآن کا منصوبہ بنایا تو اسے پایۂ تکمیل تک پہنچانے کے لیے سچ کو نکالنا بند کر دیا۔ اس مختصر مدت کے باوجود سچ کا شمار ان رسائل میں ہوتا ہے جنھوں نے ایک بہت وسیع حلقے کو متاثر کیا۔ ضرورت تھی کہ اس کا اشاریہ تیار کیا جائے۔ چنانچہ مولانا مرحوم کے عزیز جناب عبد العلیم قدوائی نے یہ نیک کام انجام دیا ہے جس سے خدا بخش اورینٹل

پبلک لائبریری، پٹنہ نے ۲۰۰۰ء میں شائع کیا ہے۔ اس اشاریہ کی ضخامت ۵۷۸ صفحات ہیں۔ اس میں عنوانات اور مصنفین کے لحاظ سے تفصیلات درج نہیں کی گئی ہیں۔ تاہم فاضل مرتب نے توضیحی نوٹ کے ذریعے اس کی افادیت میں ضرور اضافہ کیا ہے۔ ہفتہ وار سچ کا توضیحی اشاریہ اپنی نوعیت کے لحاظ سے یقیناً مفید ہے تاہم جدید اشاریہ سازی کے مقابلے میں اس کی افادیت کم تر ضرور ہے۔ اگر توضیحات کے ساتھ عنوانات اور مصنفین کا بھی اشاریہ ہوتا تو اس کی افادیت دوچند ہو جاتی۔ فاضل مرتب نے موضوعات میں تنوع کے باوجود انتہائی محنت اور عرق ریزی سے یہ اشاریہ مرتب کیا ہے بالخصوص توضیحات و تشریحات میں انھوں نے جو کاوش کی ہے وہ لائق تحسین ہے۔

۶۔ اشاریہ ہفتہ وار "صدق" (لکھنؤ)

سچ کے بعد مولانا عبد الماجد دریابادی نے مئی ۱۹۳۵ء میں ہفتہ وار صدق جاری کیا۔ یہ اصلاً سچ کا نقش ثانی تھا تاہم بنیادی طور پر یہ سچ سے جدا ایک اہم علمی، ادبی اور اصلاحی پرچہ تھا۔ "صدق" اگست ۱۹۵۰ء تک جاری رہا۔ اس کی سترہ سالہ زندگی میں ملکی اور سیاسی حالات میں بڑے نشیب و فراز آئے۔ ملک تقسیم ہوا، اردو غداروں کی زبان ٹھہری۔ لیکن مولانا اپنے مشن پر ثابت قدم رہے۔ یہی وجہ ہے کہ اس کا شمار ہندوستان کے اہم رسائل میں ہوتا ہے۔ جناب عبد العلیم قدوائی نے سچ ہی کی طرح صدق کا بھی تجزیاتی اور توضیحی اشاریہ تیار کیا ہے۔ سچ کے اشاریہ کی طرح "صدق" کا اشاریہ بھی عبد العلیم قدوائی نے ہی ترتیب دیا ہے۔ اپنے پیش رو سچ کی طرح صدق بھی ایک نیم مذہبی، ادبی، علمی اور اصلاحی پرچہ رہا۔ اس میں تمام اندراجات کو بنیادی طور پر موضوع کے اعتبار سے ترتیب دیا گیا ہے۔ قدوائی صاحب نے اسے بڑی محنت اور ژرف نگاہی سے تیار کیا ہے۔ اس کی کماحقہ داد وہی حضرات دے سکتے ہیں جو اس فن سے واقفیت رکھتے

ہیں اور اس کی باریکیوں کو سمجھتے ہیں۔ اس میں بھی فاضل مرتب نے موضوعات کی ایک طویل فہرست کے تحت مضامین و مقالات، خبریں، مراسلے، تذکرے، تبصرے علٰحیدہ علٰحیدہ درج کیے ہیں۔ مستقل عنوانات مثلاً سچی باتیں وغیرہ پر جو توضیحی نوٹ قلم بند کیے ہیں۔ موضوعات میں اخلاقیات، ادباء، تذکرے، اردو ادب، اردو شاعری، اسلام اور دیگر مذاہب، اسلام تاریخ، اسلامیات، اسلامی ادارے وغیرہ کو بڑی خوبی سے ترتیب دیا گیا ہے۔ نمبر شمار، عنوان، مضمون نگار، جلد نمبر، شمارہ نمبر اور صفحہ نمبر کے اندراج سے علماء و دانشور حضرات کے مقالات و نگارشات سے پوری آگاہی حاصل ہو جاتی ہے۔ جس سے یقیناً اشاریہ کی اہمیت دوچند ہو گئی ہے۔

۷۔ اشاریہ ماہنامہ "برہان" (دہلی)

ماہنامہ "برہان" کی حیثیت بھی انسائیکلوپیڈیا سے کم نہیں۔ اس کا پہلا شمارہ جولائی ۱۹۳۸ء میں سعید احمد اکبر آبادی کی ادارت میں شائع ہوا۔ اس کے بعد مفتی عتیق الرحمٰن عثمانی اور مولوی محمد ظفر احمد خاں ادارہ برہان کے ساتھ وابستہ رہیں۔ حالانکہ یہ رسالہ تقریباً ۲۰۰۱ء تک مسلسل شائع ہوتا رہا لیکن اس عرصہ میں اس نے علم و فن کی مختلف موضوعات پر بلند پایہ علمی و تحقیقی نگارشات شائع کیں۔ موضوعات اور مستقل عنوانات میں اس میں اور ماہنامہ معارف میں بڑی حد تک یکسانیت پائی جاتی ہے۔ اہمیت اور افادیت کے پیش نظر خدا بخش لائبریری نے معارف کے بعد اس کا اشاریہ بھی مرتب کر کے اپنے جرنل (شمارہ ۱۰۳، ۱۹۹۶ء) میں شائع کیا۔ اس اشاریہ کو بعد میں تصحیح و ترتیب، متن میں ضروری اضافے اور اشاریہ مصنفین کتابی صورت میں مولانا آزاد لائبریری، علی گڑھ مسلم یونی ورسٹی کی اُس وقت کی مہتمم ڈاکٹر شائستہ خان نے دوبارہ شائع کیا۔

اس اشاریہ کی ترتیب بھی اشارۂ معارف کے طرز پر موضوعاتی ہے۔ اس کے

مختلف النوع موضوعات میں مذاہب، قرآنیات، حدیث، فقہ، اسلام، فلسفہ وکلام، متعلقاتِ اسلام، سیاسیاتِ ہندوستانی مسلمان، معاشیات، تعلیم، نفسیات، سماجیات، طب، صحافت، اردو ادب، شاعری، ابوالکلام آزاد، اقبال، فارسی ادب، عربی ادب وغیرہ شامل ہیں۔ اشاریہ کی ترتیب اس طرح ہے۔ پہلے مضمون کا عنوان، پھر قوسین میں مقالہ نگار کا نام، اس کے بعد جلد نمبر، اور آخر میں شمارہ نمبر کا اندراج کیا گیا ہے۔ ماہ وسال اور صفحات کی نشاندہی نہیں کی گئی ہے۔ آخر میں اشاریہ مصنفین ہے جس میں مقالہ نگاروں کے نام الف بائی ترتیب پر دیے گئے ہیں اور نمبر شمار سے ان کا حوالہ دیا گیا ہے۔ اکثر عنوان خود توضیحی ہیں، لیکن جہاں جہاں کہیں ایسا نہیں ہے وہاں مختصراً مضمون کے بارے میں چند لفظوں میں وضاحت کر دی گئی ہے یعنی جابجا وضاحتی نوٹ بھی لکھے گئے ہیں جس میں مطلوبہ مواد بآسانی تلاش کیا جاسکتا ہے۔ برہان کا یہ اشاریہ ۱۹۶۵ء تک کا ہے۔ ضرورت ہے کہ اس اہم علمی و دینی مجلہ کا مکمل اشاریہ جدید اصولوں کے مطابق مرتب کیا جائے۔

۸۔ اشاریہ ماہنامہ "معاصر" (پٹنہ)

صوبہ بہار کے ادبی افق سے "معاصر" کے عنوان سے ایک ایسا ستارہ طلوع ہوا جو دیکھتے ہی دیکھتے انتہائی روشن اور تابناک بن گیا۔ غالباً بہار میں فلک صحافت پر نمودار ہونے والے کہکشاں میں سب سے زیادہ درخشاں ستارہ 'معاصر' ہی ہے۔ جس کی ادارت ابتداء سے ہی اردو کے معروف قلمکاروں نے سنبھالی۔ اس کے پہلے مدیر ڈاکٹر عظیم الدین احمد تھے۔ اُن کی وفات کے بعد اس کی بھاگ ڈور ڈاکٹر عبدالمنان بیدل نے سنبھالی۔ بیدل عظیم آبادی نے کافی عرصے تک مدیر کی حیثیت سے اس کے فرائض انجام دیے۔ جبکہ ان کی وفات کے بعد کلیم الدین احمد اس کے آخر یعنی ۱۹۸۳ء تک مدیر اعلیٰ رہے۔

اپنے اشاعتی سفر کے دوران اگرچہ رسالے کی اشاعت میں کئی بار رخنہ پڑا تاہم رسالہ 'معاصر' نے اردو ادب کے میدان میں جو خدمات انجام دی وہ قابلِ ستائش ہے اور اس بات کو فراموش بھی نہیں کیا جا سکتا۔ رسالے کی اہمیت کو مدِ نظر رکھتے ہوئے اس کا اشاریہ تیار کرنا لازمی بنتا تھا۔ بہار کی نامور اور معروف علمی شخصیت ڈاکٹر نور اسلام نے پٹنہ کے اس انتہائی اہم رسالے کے مندرجات کا اشاریہ تیار کیا ہے جسے خدا بخش اورینٹل پبلک لائبریری کو شائع کرنے کا فخر حاصل ہے۔ 'معاصر' آج سے چھہتر (۷۶) سال قبل نومبر ۱۹۴۰ء میں جاری ہوا تھا۔ یہ اصلاً دائرہ ادب پٹنہ کا ترجمان تھا۔ اس میں اعلیٰ معیار کے علمی و ادبی، تحقیقی و تنقیدی مضامین شائع ہوتے تھے۔

ڈاکٹر نور اسلام نے ہر لحاظ سے 'معاصر' کا مکمل اور جامع اشاریہ تیار کیا ہے۔ اشاریے کی ترتیب و تہذیب میں فاضل مرتب نے لائبریری سائنس کے اصول و قواعد کو پوری طرح ملحوظ رکھا ہے۔ جس سے اردو کے اشاریائی ادب میں اِسے ایک منفرد مقام حاصل ہو گیا ہے۔ یہ اشاریہ اول سے آخر تک 'معاصر' کے حوالے سے اہل قلم حضرات کی رہنمائی کرتا ہے۔ رسالہ 'معاصر' کے اشاریہ کو دو حصوں میں تقسیم کیا گیا ہے پہلے حصے میں تمام مندرجات کو موضوعات کے تحت درج کیا گیا ہے ان موضوعی عنوانات کو ابجدی ترتیب سے درج کیا گیا ہے۔ ان کے تحت مضامین وغیرہ کی ذیلی ترتیب بھی ابجد کے اعتبار سے ہے۔ موضوعات کی الفبائی ترتیب میں دو مقامات پر اصول سے انحراف کیا گیا ہے۔ ایک اداریے کے اندراج میں اوز دوسرے متفرقات کے مقام کے تعین میں۔ دوسرے حصے میں ان ہی تمام اندراجات کو مصنفین کے تحت درج کر دیا گیا ہے اور ذیلی ترتیب عنوانات کے تحت کی گئی ہے۔ یہاں بھی تمام اندراجات کے لیے ابجدی ترتیب کو ہی پیشِ نظر رکھا گیا ہے۔ یہ دونوں حصے مل کر ہی اشاریے کو مکمل اور

قابل استفادہ بناتے ہیں۔ باقی اگر مجموعی ترتیب پر ہماری نظر پڑھتی ہے تو نمبر شمار، عنوان مضمون، مضمون نگار، جلد، شمارہ، ماہ و سال اور صفحات کی پوری تفصیل 'معاصر' کے اشاریے میں موجود ہیں۔ ہر مضمون کے ساتھ ساتھ دو، چار چار سطور میں وضاحتی نوٹ بھی پیش کئے گئے ہیں جس سے مضمون کی صراحت ہو جاتی ہے۔

۹۔ اشاریہ ماہنامہ "آجکل" (دہلی)

"آجکل" اردو کا ایک تاریخ ساز رسالہ ہے۔ یہ رسالہ ادارہ "یونائیٹڈ پبلی کیشنز ڈویژن" سے ۵ مئی ۱۹۴۱ء کو منصۂ شہود میں آیا۔ ابتدا میں یہ پشتو زبان میں "نن پرون" کے نام سے شائع ہوتا تھا۔ لیکن بعد میں لوگوں کی دلچسپی کو دیکھتے ہوئے اس رسالے کا اردو ایڈیشن ۱۰ جون ۱۹۴۲ء 'آجکل' کے نام سے شائع کیا گیا۔ جو کہ 'نن پرون' کا اردو ترجمہ ہے۔ (کچھ اہلِ قلم حضرات اس کا پہلا ایڈیشن ۲۵ نومبر ۱۹۴۲ء لکھتے ہیں جو غلط ہے)۔ پہلے یہ پندرہ روزہ جریدہ تھا اور ہر ماہ کی ۱۰ اور ۲۵ تاریخ کو جلوہ افروز ہوتا تھا لیکن بعد میں دسمبر ۱۹۴۹ء میں یہ رسالہ مستقل طور پر ماہنامہ ہو گیا۔ 'آجکل' اب اپنے ۷۵ ویں سال میں قدم رکھ چکا ہے جو کہ اس کی 'ڈائمنڈ جوبلی' کا سال بھی ہیں۔ صحیح معنوں میں اس رسالے سے ادب کی جو خدمت ہوئی ہے اسے کبھی بھی فراموش نہیں کیا جا سکتا۔ یہ رسالہ ادبی حلقے میں اپنی مکمل شناخت قائم کر چکا ہے۔ مختلف اوقات میں اس کے ادارے سے آغا یعقوب دواشی، وقار عظیم، جوش ملیح آبادی، معین احسن جذبی، شان الحق حقی، جگن ناتھ آزاد، بلونت سنگھ، عرش ملسیانی، شہباز حسین، مہدی عباس حسینی اور راج نرائن راز، محبوب الرحمٰن فاروقی، حسن ضیاء، ابرار رحمانی وغیرہ جیسے ادیب، شاعر اور صحافی وابستہ رہے۔ جنھوں نے اس رسالے کو خوب سے خوب تر بنانے میں اپنا خونِ جگر صرف کیا ہے۔ رسالہ آجکل میں اردو کی بیشتر اصناف

سے متعلق مواد شائع ہوتا ہے علم و ادب اور تحقیق کے موضوعات جتنے وسیع پیمانے پر آجکل کی زینت بنے وہ کسی اور رسالے کو میسر نہ ہو سکے جیسے مضامین، مقالے، افسانے، ڈرامے، ناول، خطوط، مزاحیہ، سفر نامے، غزلیں، نظمیں وغیرہ غرض اس کا دائرہ کار کا اتنا وسیع و عریض ہے جس کا احاطہ کرنا بہت مشکل ہے۔

'آجکل' جیسے معتبر اور مؤقر ادبی جریدے کا اشاریہ ڈاکٹر جمیل اختر نے " اشاریہ آجکل" کے عنوان سے لکھا اور اردو اکاڈمی کے توسط سے ۱۹۸۸ء میں شائع کیا۔ اس کے مطابق ۱۹۸۸ء تک رسالہ آجکل سے کل ۷۵ خاص نمبر شائع ہوئے۔ جس میں گاندھی نمبر، اردو نمبر، ابو الکلام آزاد نمبر، افسانہ نمبر، اقبال نمبر، امیر خسرو نمبر، بہادر شاہ ظفر نمبر، پریم چند نمبر، حسرت موہانی نمبر، غالب نمبر، کشمیر نمبر عابد حسین نمبر، سجاد ظہیر نمبر، میر انیس نمبر، میر تقی میر نمبر وغیرہ وغیرہ خاص طور پر قابل ذکر ہیں۔ اب تک اس کے خاص شماروں کی تعداد سو سے تجاوز کر چکی ہے۔ ہندوستان میں کوئی رسالہ ایسا نہیں ہے جو آزادی کے پہلے سے اب تک اُسی آب و تاب سے نکل رہا ہو۔ علم و ادب کے اس بیش قیمتی خزینے کا اشاریہ تیار کرنا یقینی بنتا تھا۔

رسالہ آجکل کا اشاریہ تیار کرنے کا فریضہ ڈاکٹر جمیل اختر صاحب نے انجام دیا۔ اس لیے اُن کے اس جستجوئے تحقیق کو سلام۔ کیونکہ اب تک جتنے بھی اشاریے تیار کیے گئے تھے اُن میں کوئی نہ کوئی کمی ضرور پائی گئی۔ یہاں تک کہ آج بھی یہ خامیاں اکثر اشاریائی کتابوں میں دیکھی جا سکتی ہے۔ لائبریری سائنس کے اصولوں کو بروئے کار نہ لا کر کوئی بھی اشاریائی کتاب کامیابی کے زینے طے نہیں کر سکتی۔ اس اشاریہ میں اگرچہ معتند اصولوں کو ملحوظ رکھا گیا ہے تاہم کچھ کمیاں اس میں بھی رہ گئی ہیں۔ اشاریہ آجکل ابتداء سے ۱۹۸۶ء کے شائع شدہ ۶۰۰ شماروں پر مشتمل ہے۔ اس میں 'آجکل' میں شائع

شدہ مشتملات کو مختلف اصناف کے تحت تقسیم کر کے ان کے عنوانات کو حرفِ تہجی کے اعتبار سے مرتب کیا گیا ہے۔اس اشاریے میں مضامین کو دو حصوں میں تقسیم کیا گیا ہے۔ایک حصہ ادبی مضامین سے متعلق ہے اور دوسرا ادب کے علاوہ دیگر مضامین سے متعلق ہے ادبی حصے کا نام مقالے اور دوسرے کا نام مضامین رکھا گیا ہے۔یہ جلد عنوانات کے اعتبار سے ترتیب دی گئی ہے۔'آجکل' جڑی ہر معلومات کو ترتیب کے ساتھ پیش کیا گیا ہے۔مدیران،نائب مدیران،سالنامے، خاص نمبر کی معلومات سے بھی مزین ہے۔عنوانات میں حصہ نثر، حصہ شعر، عالمی ادب (مختلف زبانوں کے افسانوی تراجم، ڈرامے، نظمیں، گیت)، علاقائی ادب (فلمیات، افسانے،ڈرامے، غزلیں، نظمیں، بچوں کا ادب) وغیرہ کو بڑی خوبی سے پیش کیا گیا ہے۔ عنوانات میں درج اندراجات کو حروف تہجی کے اعتبار سے ترتیب دیا گیا ہے۔البتہ مدیران و نائب مدیران، اداریوں کو تاریخی اعتبار سے ترتیب دیا گیا ہے۔باقی ضروری اندراجات جیسے مضمون کا نام، مضمون نگار، ماہ و سال اور صفحات کی تفصیل کو بھی پیش کیا گیا ہے۔ لیکن جلد و شمارہ نمبر کا اندراج نہیں کیا گیا ہے۔جس کہ اس کی ایک کمی قرار دی جاسکتی ہے۔

"اشاریہ آجکل' 'کی دوسری جلد میں مشتملات کی ترتیب مصنف وار کی گئی ہے۔اس میں صرف اداریوں کا اشاریہ عنوان کے لحاظ سے نہیں ہے بلکہ جس طرح وہ ہر ماہ شائع ہوئے، اُسی ترتیب سے اشاریہ میں شامل ہیں۔دوسری جلد ۲۰۰۰ء میں منظر عام پر آئی۔"اشاریہ آجکل" ایک ایسی ڈائرکٹری ہے جس سے ۴۶ سال کے دوران 'آجکل' میں شائع شدہ ہر نوع کے مواد کی مفصل معلومات حاصل کی جاسکتی ہیں اور حوالے کی اس کتاب سے کئی تحقیقی کتابیں معرضِ وجود میں آسکتی ہیں۔یہ اشاریہ ایک ایسا آئینہ خانہ ہے جس میں مختلف النوع نظم و نثر اور ان کے مصنفین کے چہرے زیادہ روشن نظر آتے ہیں،

اور ان کی شناخت بے حد آسان ہو جاتی ہے۔ ادب کا کوئی قاری اس اشاریہ سے صرفِ نظر نہیں کر سکتا۔

۱۰۔ اشاریہ ماہنامہ "شاہراہ" (دہلی)

رسالہ "شاہراہ" دہلی سے شائع ہونے والا ایک معیاری رسالہ تھا بیسوی صدی کی نصف دہائی یعنی جنوری، فروری ۱۹۴۹ء میں اس کا پہلا شمارہ شائع ہوا اور ۱۹۶۰ء تک مسلسل شائع ہوتا رہا۔ ترقی پسند تحریک کی حمایت کرنے والے اس رسالے کو "ترقی پسند اردو مصنفین کا ترجمان" سمجھا جاتا رہا ہے۔ ترقی پسند تحریک کے زیر اثر تخلیق ہونے والے ادب کی اشاعت کا ذمہ بھی رسالہ شاہراہ کے ہی سر تھا جس کو اس نے بخوبی نبھایا بھی۔ یہ ایک ترقی پسند رسالہ تھا جس کے ابتدائی شماروں کے سرورق پر "ترقی پسند مصنفین کا دوماہی ترجمان" درج ہوتا تھا۔ اس رسالے میں چند اہل قلم ایسے بھی تھیں جنھوں نے پہلی بار قلم اٹھایا اور ادبی دنیا میں اپنی گہری چھاپ چھوڑی۔ اس مستند، معتبر اور پُر وقار رسالے کا اشاریہ ترتیب دینے کا فخر نوشاد منظر کو نصیب حاصل ہوا۔ جو پچھلے سال یعنی ۲۰۱۴ء کو منظر عام پر آیا۔ اس کی اشاعت ایجوکیشنل پبلشنگ ہاؤس دہلی سے ہوئی۔ اشاریے کو دو ابواب میں تقسیم کیا گیا ہے۔ پہلے باب کا نام "شاہراہ کے مشمولات کا تجزیاتی مطالعہ" رکھا گیا ہے اوراس کے دوسرے باب میں "رسالہ شاہراہ کا اشاریہ" ترتیب دیا گیا ہے۔

رسالہ "شاہراہ" میں شائع ہونے والے مشمولات کو تخلیق کاروں کے نام سے حروف تہجی کے لحاظ سے مرتب کیا گیا ہے۔ پہلے باب ہی میں شاہراہ کے مشمولات کا تجزیاتی مطالعہ بھی پیش کیا گیا ہے۔ ان مشمولات کو ضمنی عنوانات میں تقسیم کیا گیا ہے جیسے اداریے، مضامین، نظمیں غزلیں، رباعیاں، افسانے، ناولیں اور تراجم نظمیں۔ کتاب

کا دوسرا حصہ شاہراہ کا اشاریہ ہے۔ اس حصے میں اداریے ، مضامین نظمیں ، غزلیں، افسانے ، ناول، ڈرامے وغیرہ کو کئی ضمنی حصوں میں تقسیم کرتے ہوئے اشاریہ تیار کیا گیا ہے۔ فہرست کو مصنف کے ناموں سے حروف تہجی کے اعتبار سے ترتیب دیا گیا ہے۔ بہر حال نوشاد منظر صاحب نے اشاریہ رسالہ " شاہراہ "مرتب کر کے اردو ادب میں فنِ اشاریہ کے تیئں اپنی دلچسپی کا ثبوت پیش کر کے ایک عمدہ اور قابلِ تقلید کارنامہ سرانجام دیا۔ موصوف کی اس خدمت کو سنہرے لفظوں میں یاد کیا جائے گا۔

۱۱۔ اشاریہ ماہنامہ "تحریک" (دہلی)

ماہنامہ " تحریک " دہلی کی اشاعت کا آغاز مارچ ۱۹۵۳ء میں ہوا۔ اور یہ رسالہ اس کے بانی مدیر گوپال متل کی سربراہی میں نکلنا شروع ہوا۔ اور مسلسل سنہ ۱۹۸۱ء تک نکلتا رہا۔ رسالہ "تحریک "کا شمار اردو کے معتبر اور بلند پایہ رسالوں میں ہوتا ہے۔ اس رسالے نے لگاتار ۲۹ سال تک اردو ادب کی خدمت کی۔ اور آخر کار ۱۹۸۱ء میں اس کی اشاعت کا سلسلہ مستقل طور پر منقطع ہو گیا۔ ماہ نامہ " تحریک " میں مدیران کے فرائض اس کے بانی، ادیب ، صحافی اور شاعر جناب مرحوم گوپال متل نے ابتداً انجام دی۔ ان کے بعد مخمور سعیدی، تمکین کاظمی اور پریم گوپال متل صاحب کے نام آتے ہیں۔ رسالہ " تحریک " کو شہرت اور مقبولیت عطا کرنے میں اس کے مدیروں نے اپنا خونِ جگر صرف کیا ہے۔ ماہنامہ " تحریک " دہلی نے کل ۱۵ خاص نمبر شائع کیے۔ جن میں جگر نمبر ، غالب نمبر ، اقبال نمبر، بسمل سعدی نمبر، سلور جوبلی نمبر وغیرہ خصوصیت کے ساتھ قابلِ ذکر ہیں۔ " تحریک " میں شائع ہونے والی نگارشات اور تخلیقات اس اعتبار سے خاص اہمیت کی حامل ہیں کہ وہ نہ صرف اپنے زمانے میں اپنے ہونے کا جواز رکھتی تھی بلکہ آج بھی علم و ادب سے سروکار رکھنے والوں کو سیراب کر رہی ہیں۔ اس اعتبار سے ماہ نامہ " تحریک " کا

اشاریہ ترتیب دینا اردو ادب سے وابستگان کے لیے ایک احسان تھا۔ یہ فریضہ مطیع اللہ خاں نے بڑی خوش اسلوبی کے ساتھ انجام دیا۔ یہ اشاریہ ۲۰۱۱ء میں موڈرن پبلشنگ ہاؤس سے شائع ہو کر منظر عام آیا۔ ماہ نامہ "تحریک" میں شائع ہونے والے مواد کو موضوعات کے اعتبار سے تقسیم کیا گیا ہے۔ اشاریہ مصنف کے نام سے حروف تہجی کے اعتبار سے مرتب کیا گیا ہے۔ ۴۳۱ صفحات کی یہ کتاب مکمل طور پر اردو ادب کی بیشتر اصناف سے متعلق تحریریں جیسے افسانے، ڈرامے، خاکے، رپوتاژ، نظمیں، غزلیں، رباعیات، قطعات، گیت، نوحہ، انشائیے وغیرہ کو منظر عام پر لانے میں کامیاب ہوا ہے۔ اشاریہ میں مدیران، خاص نمبر اور اداریے کی تفصیل زمانی اعتبار سے دی گئی ہے۔ جب کہ مضامین کو مصنف کے ناموں سے الفبائی ترتیب سے پیش کیا گیا ہے۔ اندراجات میں پہلے نمبر شمار، پھر مضمون نگار کا نام،، عنوان، ماہ و سال اور صفحہ نمبر کی ترتیب ہے۔ غرض "اشاریہ ماہ نامہ تحریک" اردو ادب کی خدمت میں پیش پیش ہیں۔

۱۲۔ اشاریہ ماہنامہ "نیا دور" (لکھنؤ)

ماہنامہ "نیا دور" کا شمار ہندوستان کے صفِ اول کے رسائل میں ہوتا ہے۔ یہ ملک کے چند مایہ ناز اور اہم ادبی رسائل کی فہرست میں شامل ہیں جن کی خدمات کو اردو زبان و ادب اور صاف ستھری و بے داغ صحافت کے لیے ہمیشہ یاد کیا جائے گا۔ 'نیا دور' میں شروع سے ہی ملک کے ان قابل قدر ادیبوں اور شاعروں کی نگارشات شائع ہوتی رہی ہیں جن کے تذکرے کے بغیر اردو ادب کی تاریخ مکمل نہیں ہو سکے گی۔

'نیا دور' کو ملک کے نامور مجاہدِ آزادی، ادیب، صحافی اور کئی اہم سرکاری عہدوں پر کام کرنے والی شخصیت علی جواد زیدی نے اپریل ۱۹۵۵ء میں شائع کیا تھا۔ 'نیا دور' کی خشتِ اول اتنی شاندار تھی اور زیدی صاحب کا جذبہ اتنا بے لوث تھا کہ رسالہ 'نیا دور'

آج بھی اسی شان و شوکت سے شائع ہو رہا ہے اور علم و ادب کی خدمت میں مصروف عمل ہے۔ علی جواد زیدی کے بعد سید امجد حسین، امیر احمد صدیقی، نجیب انصاری، وضاحت حسین رضوی وغیرہ اس کے مدیران رہے ہیں۔ نیا دور اتر پردیش سرکار کا ترجمان ہونے کے باوجود نہایت اعلیٰ ادبی معیار کا حامل رسالہ ہے۔ کیونکہ اس کے اب تک کے سبھی مدیران نہایت اعلیٰ خوبیوں والے افرد رہے ہیں۔ 'نیا دور' ایک ایسا رسالہ ہے جس کا ماضی ایسا تابناک حال، اتنا درخشاں اور مستقبل اس قدر روشن ہے کہ صدیوں تک اردو کے تئیں اس کی بے لوث خدمت کو یاد کیا جائے گا۔ اس میں ادبی، سیاسی، سماجی، تہذیبی اور مختلف النوع مضامین شائع ہوتے تھے۔ اس کا اشاریہ بھی اسی اعلیٰ معیار کے ساتھ تیار ہونا چاہیے تھا اور اس کا فریضہ بے مثال انجام پایا۔

'نیا دور' کا اشاریہ ڈاکٹر اطہر مسعود خاں نے ترتیب دیا۔ جو رام پور رضا لائبریری سے ۲۰۰۹ء میں شائع ہو کر منظر عام آیا۔ اس اشاریے میں ۱۹۵۵ء سے ۲۰۰۱ء تک کے سبھی شماروں کا احاطہ کیا گیا ہے۔ اس اشاریہ کی ایک خصوصیت یہ ہے کہ اس عرصے کے دوران کی سبھی تصاویر کی ایک تاریخ بھی مرتب کی گئی ہے۔ اداریوں کی توضیح بھی کی گئی ہے۔ ۵۶۱ شماروں کا اشاریہ ۸۰۰ صفحات پر نہایت جامع انداز میں پیش کیا گیا ہے۔ اس اشاریہ کا پہلا حصہ اصناف وار اور دوسرا حصہ مصنف وار اشاریہ پر مشتمل ہے۔ اس کی اندراجات میں عنوان کا نام، مضمون نگار، ماہ و سال اور صفحہ نمبر کا اندراج کیا گیا ہے۔ لیکن جلد نمبر اور شمارہ نمبر کے اندراج کی کمی قاری کو ضرور کھٹکتی ہے۔ لیکن محققین کو اپنے مطلب کی چیز تلاش کرنے میں کسی پریشانی کا سامنا نہیں کرنا پڑے گا۔ غرض 'نیا دور' کا اشاریہ ہر لحاظ سے قابلِ اعتبار اور مبسوط کارنامہ ہے۔

۱۳۔ اشاریہ سہ ماہی "فکر و نظر" (علی گڑھ)

اس علمی و تحقیقی مجلہ کا اجرا جنوری ۱۹۶۰ء میں ڈاکٹر یوسف حسین خان نے علی گڑھ مسلم یونیورسٹی سے کیا۔ بہت جلد اس نے اہلِ علم کی توجہ حاصل کر لی اور اپنی مختلف النوع نگارشات سے ایک معیار ی رسالہ قرار پایا۔ یوسف حسین خان کے بعد مسلم یونیورسٹی کے متعدد اہل قلم حضرات جن میں فضل الرحمٰن، پروفیسر مسعود حسین خاں، پرفیسر خورشید الاسلام، پرفیسر عتیق احمد صدیقی، پرفیسر نورالحسن نقوی، پروفیسر شہریار، پروفیسر سید محمد ہاشم وغیرہ جیسے صاحبان اس کے ساتھ بحیثیتِ مدیر وابستہ رہے۔ ادب کے ساتھ ساتھ اس میں اخلاقیات، تاریخ و تنقید، افسانہ، اردو زبان، اردو شاعری، ارضیات، اسلامیات، اردو لغات، انسانیات، سر محمد اقبال، انگریزی ڈراما، تاریخ نگاری، ترکی، تعلیم، تلگو ادب، بنگالی ادب، سائنس، سر سید احمد خاں وغیرہ وغیرہ جیسے موضوعات پر مضامین شائع ہونے لگے۔

اس مجلہ میں ۱۹۶۰ء سے ۱۹۹۰ء تک شائع ہونے والے مضامین کا اشاریہ ڈاکٹر محمد ضیاء الدین انصاری نے مرتب کیا ہے جو خدا بخش لائبریری جرنل، پٹنہ (۸۰، ۱۹۹۲ء) میں شائع ہوا ہے۔ اس کی ترتیب موضوعاتی ہے۔ مختلف موضوعات کو الف بائی ترتیب کے مطابق درج کر کے ان کے ضمن میں آنے والی تحریروں کے عنوانات دیے گئے ہیں ۔ مضمون نگاروں کے نام، جلد نمبر اور شمارہ نمبر کے علاوہ ماہ وسال اور صفحات کی بھی نشاندہی کی گئی ہے۔ جا بجا وضاحتی اور تشریحی نوٹ لکھ کر اشاریہ کو مزید آسان اور مفید بنایا گیا ہے۔ اس اشاریہ میں مصنفین اور عناوین کے لحاظ سے مشمولات کا اندراج نہیں کیا گیا ہے۔ اس اشاریے میں سائنسی اصول اور ضوابط کی صد فیصد پیروی کی گئی ہے۔ اس اشاریہ کی ضخامت ۹۴ صفحات ہے۔ بعد میں ۱۹۹۱ء سے ۱۹۹۹ء تک شائع ہونے والے مضامین کا اشاریہ کبیر احمد خان نے مرتب کیا جو فکر و نظر، جلد ۳۷، شمارہ ۴ (۲۰۰۰ء) میں

شائع ہوا۔ ضمیمہ میں ۲۰۰۰ء کے چار شماروں کا اشاریہ بھی شامل کر دیا گیا ہے۔ "فکر و نظر" کے ستمبر ۲۰۱۵ء کی جلد نمبر ۵۲ اور شمارہ نمبر ۳ میں ڈاکٹر محمد بکر عالم صدیقی نے "اشاریہ فکر و نظر" (۱۹۸۸ء تا ۱۹۹۵ء) ترتیب دیا۔ گذشتہ سے پیوستہ کے اس اشاریہ میں بھی سائنسی طریقۂ کار کا التزام برتا گیا ہے۔ اس کی ترتیب میں نمبر شمار، مضمون، مضمون نگار، اشاعت، جلد نمبر، شمارہ نمبر اور مدیر کے اعتبار سے دی گئی ہے۔ اس کے نمبر شمارہ سے ظاہر ہوتا ہے کہ متذکرہ بالا ستمبر شمارے سے قبل سابقہ شماروں میں بھی اس اشاریہ کی کچھ قسطیں شائع ہوئی ہیں جن سے میرا واسطہ نہیں پڑا۔ اس اشاریہ کو بھی بے حد خوش سلیقگی اور زیب و زینت سے آراستہ و پیراستہ کیا گیا ہے۔

۱۴۔ اشاریہ "خدا بخش لائبریری جرنل" (پٹنہ)

عالمگیر شہرت کا مشرقی کتب خانہ جو خدا بخش اورینٹل پبلک لائبریری کے نام سے مشہور ہے، بہار کے ایک خوش نصیب مرد خود آگاہ اور پٹنہ کے مشہور و معروف اور کامیاب وکیل مولوی خدا بخش خاں نے قائم کیا تھا۔ تاکہ تشنگانِ اردو اپنی پیاس بجھا سکیں۔ اس لائبریری کی پٹنہ میں ۱۸۹۱ء میں بنیاد رکھی گئی۔ "خدا بخش لائبریری" جرنل قاضی عبدالودود کے تخیل کا زائیدہ ہے۔ یہ علمی و تحقیقی اور حوالہ جاتی رسالہ قاضی عبدالودود کی کوششوں سے ہی ۱۹۷۷ء میں شائع ہونا شروع ہوا تھا اور آج بھی مسلسل اُسی شان اور آب و تاب کے ساتھ ادبی حلقے میں اپنی مثبت چھاپ چھوڑ رہا ہے۔ لیکن کچھ عرصے سے حکومت کی عدم توجہ اور غیر متحرک انتظامیہ کے باعث رسالے کی اشاعت میں قدغنیں پیش آئیں۔ ابتدا جرنل میں کیا کیا ہوگا، کیا نہ ہوگا یہ سب قاضی صاحب کے ذہن کی اُپج تھی۔ اس جرنل میں جو چیزیں خصوصیت کے ساتھ پیش ہوتی رہیں ان میں خدا بخش خطبات کے متن، لائبریری کے اہم مخطوطات کا تعارف، نادر نسخوں کے مکمل متون،

مشاہیر کی خود نوشت تحریروں کے عکس، کمیاب رسائل کے منتخبات اور لائبریری منصوبوں کے تحت ہونے والے کام مثلاً جنوبی ایشائی علاقائی سمینار کی روداد یں، مشاہیر کی آپ بیتیاں، اپنے کلام کا انتخاب، خدا بخش مخطوطات کی فہرستوں کی تصیحات، اور ضروری اضافے قابل ذکر ہیں۔

اس جرنل کے سرورق پر لکھا ہوتا تھا کہ "اس میں انگریزی، اردو، فارسی یا عربی میں ایسے مضامین شائع ہوں گے جو خدا بخش لائبریری کے نادر مواد پر مبنی ہوں، یا لائبریری سے کسی نہ کسی قسم کا تعلق رکھتے ہوں"۔ اس جریدے کے پہلے ایڈیٹر ڈاکٹر عابد رضا بیدار مقرر ہوئے۔ اس کے دیگر مدایران میں محبوب حسین، مصطفی کمال ہاشمی، حبیب الرحمٰن چغتائی، ڈاکٹر امتیاز احمد، ڈاکٹر محمد ضیاء الدین انصاری وغیرہ شامل ہیں۔

"خدا بخش لائبریری جرنل' کا پہلا اشاریہ ۱۔۵۲ شماروں پر مشتمل تھا جس کو ادارے نے اسی جرنل میں شائع کیا تھا۔ اس اشاریہ میں انفرادی طور پر ہر شمارے کی فہرست مضامین اس کے ساتھ میں دی گئی ہے۔ جیسے پہلے شمارہ نمبر اور اس کے بعد اس میں شائع شدہ مضامین کی فہرست۔ آخر میں اس شمارے کے کل صفحات اور قیمت بھی دکھائی گئی ہے۔ فہرست میں پہلے مضمون کا عنوان اور پھر مضمون نگار کے نام کا اندراج کیا گیا ہے۔ اس کے سو شماروں کا دوسرا اشاریہ بھی جرنل میں ہی (شمارہ ۱۰۲، ۱۹۹۶ء) میں شائع ہوا ہے۔ (اصلاً اشاریہ ۹۵ شماروں کا ہے۔ باقی ۵ شماروں کی محض فہرست دی گئی ہے)۔ یہ اشاریہ ۱۹۷۷ء سے لے کر 1995ء تک جرنل کے تمام شماروں کا مکمل طور پر احاطہ کرتا ہے۔ اس کی ترتیب بھی موضوعاتی ہے۔ جس کو اردو دانشوری، اردو غزل، لغت / / فرہنگ، تذکرۂ عام، تذکرۂ ادبا، تذکرۂ مشاہیر، عربی ادب، فارسی ادب، تذکرہ شعراء فارسی ، فارسی مخطوطات، تصوف مخطوطات، مخطوطات اردو، طب

مخطوطات، تدوین متن، تاریخ اودھ وغیرہ وغیرہ جیسے ذمروں میں منقسم کیا گیا ہے۔ پہلے عنوان، پھر مقالہ نگار کا نام، اس کے بعد شمارہ نمبر درج ہے۔ آخر میں اشاریہ مصنفین ہے۔ ۲۰۰۹ء میں اس جرنل کا تیسرا اشاریہ محترمہ تسنیم فاطمہ نے مرتب کیا۔ یہ اشاریہ ۱۰۱ سے لے کر ۱۵۰ شماروں پر محیط ہے اور ان میں شائع شدہ مقالات کی موضوع وار فہرست پر مبنی ہے۔ چونکہ اس عرصے میں جرنل کے مشتملات بھی بدلے ہیں اور اردو، انگریزی اور ہندی کے مقالات تواترم کے ساتھ شائع ہوتے رہے ہیں۔ لہٰذا مذکورہ اشاریے میں انگریزی اور ہندی کے گوشے بھی شامل ہیں۔ نیز عربی اور فارسی زبان میں شائع ہوئے مقالات کی نشاندہی بھی کی گئی ہے۔ اس کے ساتھ تبصرہ کتب کا بھی ایک خصوصی گوشہ اس میں شامل ہے۔

کل ملا کر اس میں اردو میں ۳۶، انگریزی میں ۱۹، ہندی میں ۱۰ عنوانات کے حوالے شامل ہیں۔ اشاریہ اردو ۳۲ صفحات پر، اشاریہ ہندی ۶ صفحات پر اور اشاریہ انگریزی ۱۶ صفحات پر مشتمل ہیں۔ کل صفحات کی تعداد ۶۲ ہے۔ ڈاکٹر عابد رضا بیدار کی کوششوں سے نہ صرف معارف، برہان اور خدا بخش لائبریری جرنل وغیرہ کے اشاریے مرتب ہو کر شائع ہوئے ہیں بلکہ بعض دوسرے علمی وادبی رسائل کے اشاریے بھی ان کی کوششوں اور تحریک پر مرتب ہوئے اور جرنل میں شائع ہوئے۔ اس لیے بجا طور پر کہا جا سکتا ہے کہ اردو اشاریہ نگاری کے ارتقاء میں ان کا بڑا حصہ ہے۔ تاہم یہ بات بھی غلط نہیں کہ یہ اشاریے رواداری میں تیار ہوئے ہیں اور ان کے سلسلے میں اشاریہ سازی کے فنی اصولوں کو ملحوظ نہیں رکھا گیا ہے۔ تاہم محققین اور طالبانِ علم کے لئے یہ اشاریے رہنما کے طور پر انتہائی مددگار ثابت ہو سکتے ہیں۔

۱۵۔ اشاریہ ماہنامہ "ایوانِ اردو" (دہلی)

رسالہ "ایوانِ اردو" دہلی اردو اکاڈمی سے ۱۹۸۷ء سے نکلنا شروع ہوا۔ شمالی ہند کے بیشتر ادباء کا ترجمان رسالہ "ایون اردو" ہے۔ جس میں ہر صنفِ ادب پر مضامین شائع ہوتے رہتے ہیں۔ یہ رسالہ آج بھی بڑی آن بان اور شان کے ساتھ شائع ہو رہا ہے اور ادبی حلقے میں اس کے گہرے اثرات مرتسم ہو رہے ہیں۔اس رسالے کا اشاریہ جناب فاروق انصاری نے مرتب کیا جو فروری ۱۹۹۳ء میں دہلی سے شائع ہوا۔اس اشاریہ کو "ایوانِ اردو" کے شریک مدیر جناب مخمور سعیدی کی اجازت سے مرتب کیا گیا ہے۔اس کی آٹھ قسطیں اسی رسالے میں شائع ہو چکی تھیں۔ جس کو پھر مزید اضافے کے ساتھ کتابی صورت میں شائع کیا گیا ہے۔اس کی ضخامت تقریباً ۱۸۷ صفحات ہے۔

جن موضوعات کا اشاریہ تیار کیا گیا ان میں ادبی، تاریخی، ماحولیاتی اور سائنسی مضامین، افسانے، انشائیے، طنز و مزاح، کاکے، گوشۂ رفتگاں، ڈرامے، انٹرویوز، رپوتاژ، سفر نامہ، غزلیں، نظمیں وغیرہ شامل ہیں۔ یہ اشاریہ ابتداء یعنی مئی ۱۹۸۷ء سے اپریل ۱۹۹۲ء تک کے سبھی شماروں پر مشتمل ہے جو کہ لگ بھگ ساٹھ شمارے بنتے ہیں۔رسالہ "ایوانِ اردو" کی ادارت کے فرائض مختلف اوقات میں مختلف حضرات سے انجام پائی۔ جن میں سید صادق علی، مخمور سعیدی، سید شریف الحسن نقوی، منصور احمد عثمانی، سید اشتیاق عابدی وغیرہ شامل ہیں۔ کئی خصوصی نمبروں کی اشاعت کا فخر بھی اس رسالہ کو حاصل ہے۔فاروق انصاری نے اشاریہ "ایوان اردو" کو مصنف کے نام سے حروفِ تہجی کے اعتبار سے ترتیب دیا ہے۔ مضامین کا خلاصہ بھی مختصراً پیش کیا گیا ہے۔ مضامین سے متعلق اہم مکتوبات کو بھی مضمون کے ذکر کے ساتھ شامل کیا گیا ہے۔یقیناً یہ اشاریہ قارئین حضرات کے لئے راہِ راست کا باعث بن سکتا ہے۔چونکہ یہ رسالہ ایک مدت سے نکل رہا ہے اس لئے اب اس کے تازہ اشاریہ کو مرتب کرنے کی ضرورت محسوس ہوتی

ہے۔ تا کہ اس سے مزید مدد حاصل کی جا سکیں۔

۱۶۔ اشاریہ ماہنامہ "نقوش" (لاہور)

سر زمینِ پاکستان سے نکلنے والا ایک مایہ ناز رسالہ "نقوش" ہے۔ جو کافی عرصے تک علم و ادب کی خدمت کرتا رہا۔ زبان و ادب سے متعلق بیش بہا سرمایۂ علم اس رسالے میں محفوظ ہیں۔ رسالہ "نقوش" میں اردو ادب کے مشہور و معروف قلمکاروں نے اپنی تخلیقی اور فن جوہر کا مظاہرہ پیش کیا۔ ہاجرہ مسرور، احمد ندیم قاسمی، سید وقار عظیم، محمد طفیل، جاوید طفیل وغیرہ نے رسالہ "نقوش" میں بحیثیتِ مدیران کام کیا۔ ان سبھی نے اپنا خونِ جگر سینچ کر رسالہ نقوش کو بلندیوں پر پہنچایا۔ مارچ ۱۹۵۰ء میں رسالہ "نقوش" لاہور سے نکلنا شروع ہوا تھا اور تب سے جولائی ۱۹۸۷ء تک برابر علم و ادب کی خدمت کرتا رہا۔ جناب مرحوم محمد طفیل صاحب کی کوششوں اور خواہش پر اس رسالے کا اشاریہ تیار کیا گیا۔

اس کے مرتب سید جمیل احمد رضوی ہیں اس اشاریے کے دو حصے ہیں۔ پہلا حصہ شمارہ ۱ تا ۱۸ اپر مشتمل ہے جبکہ دوسرا حصہ شمارہ ۱۹ تا ۱۳۳ پر محیط ہے۔ اس اشاریے میں کتابوں پر تبصرے اور اشتہارات کو چھوڑ دیا گیا ہے۔ پہلے حصے میں جن عنوانات کے تحت اشاریہ ترتیب دیا گیا ہے ان میں مقالات، نظمیں اور غزلیں، افسانے وڈرامے، خاکے اور طنز و مزاح، سمپوزیم، متفرقات شامل ہے۔ مقالات کے تحت اندراجات کی ترتیب لکھنے والے کے نام سے الفبائی ہے۔ اندراج کے عناصر ترکیبی اس طرح ہے: مقالہ نگار کا نام، عنوان مقالہ، شمارہ نمبر، خاص شمارے کا نام (اگر موجود ہے) قوسین میں تاریخ اشاعت اور آخر میں وہ صفحات جن پر مقالہ موجود ہے اسی طرح باقی عنوانات کے ذیل میں بھی اندراجات کی ترتیب اسی طرح ہے۔ دوسرے حصے کے عنوانات اس طرح دیے گئے ہیں

: مقالات (دینی و ادبی مقالات اور مضامین) ، منظومات (حمد و نعت، نظمیں، غزلیں)، شخصیات (بشمول آپ بیتی)، مکاتیب، افسانے و ڈرامے (بشمول ناولٹ)، خاکے وطنز و مزاح، سمپوزیم، رپوتاژ، سفر نامہ، انٹرویو، متفرقات۔ اس حصے میں بھی ہر عنوان کے تحت اندراجات کی ترتیب لکھنے والے کے نام سے الفبائی ہے۔ ہر اندراج کے عناصر ترکیبی کے بھی پہلے حصے میں مذکورہ ترتیب سے ہیں۔ الغرض اشاریہ ماہ نامہ "نقوش" ہر اعتبار سے قارئین کی رہنمائی کرتا ہے۔ اس اشاریے کی ضخامت ۴۰۴ صفحات ہیں۔ اس میں سینکڑوں تخلیق کاروں کی تخلیقات اور مضامین کے عنوانات کا اندراج ہے۔ ان تخلیق کاروں اور قلمکاروں کا نام رسالہ "نقوش" سے جڑا ہوا ہے جن کا طوطی نہ صرف اپنے وقت میں بولتا تھا بلکہ آج بھی ان کی خدمات سے استفادہ حاصل کر کے انہیں خراجِ تحسین پیش کیا جاتا ہے۔ اشاریہ ہی ہماری اس سلسلے میں صحیح رہنمائی کرتا ہے۔

۱۷۔ اشاریہ سہ ماہی "اقبال" (لاہور)

سہ ماہی "اقبال" ایک ممتاز علمی و ادبی مجلہ ہے۔ اس کا اجراء جولائی ۱۹۵۲ء میں ہوا۔ یہ مجلہ علامہ اقبال کی زندگی، ان کے کلام اور فکر و فلسفے کی ترویج و تفہیم کے لیے شائع ہوتا ہے اور انہی کے نام سے منسوب بھی ہے۔ اس مجلے میں مضامین کا تنوع نظر آتا ہے۔ مختلف اور النوع علمی اور تحقیقی و تنقیدی مقالات کے علاوہ کتب و رسائل پر تبصرے بھی شائع ہوتے ہیں۔ اس مجلے کے دو شمارے (اپریل، اکتوبر) اردو زبان میں اور دو شمارے (جنوری، جولائی) انگریزی زبان میں چھپتے ہیں۔ بیچ میں اس کی اشاعت کا سلسلہ اگرچہ منقطع بھی رہا۔ تاہم اس کے بعد تسلسل کے ساتھ شائع ہو رہا ہے (اب پتہ نہیں شائع ہوتا ہے کہ نہیں)۔ اس کے مدیران کی بات کریں تو سب سے پہلے مدیر جناب میاں محمد شریف تھے اس کے بعد محمد سعید شیخ مدیر اعزازی اور قائم مدیر مقرر ہوئے۔ اس کے بعد

پروفیسر محمد عثمان، ڈاکٹر محمد جہانگیر خان، احمد ندیم قاسمی، ڈاکٹر وحید قریشی اس کے مدیر اعزازی مقرر رہوئے۔ ان سب خوبیوں کو ملحوظ رکھتے ہوئے اس رسالے کا اشاریہ تیار کرنا لازمی تھا۔ یہ کام محترمہ اختر النساء نے انجام دیا۔ یہ اشاریہ اکتوبر ۱۹۵۲ء تا اکتوبر ۱۹۹۱ء / جنوری ۱۹۹۲ء پر مشتمل ہے اور بزمی اقبال لاہور اس کے ناشر ہیں۔ اشاریہ مجلہ "اقبال" جلد ا تا ۳۸۔۳۹ کے شماروں پر مشتمل ہے۔ مضامین کی وضاحتی فہرست چار طرح سے پیش کی گئی ہے۔ شمارہ وار اشاریہ، مصنف وار اشاریہ، موضوع وار اشاریہ اور تبصرہ کتب۔ شمارہ وار اندراجات کی تفصیل زمانی اعتبار سے ترتیب دی گئی ہے۔ جیسے جلد نمبر، شمارہ نمبر، ماہ و سال، عنوان مقالہ، مصنف کا نام، اور صفحات کی تعداد درج کی گئی ہے۔ مصنف وار اشاریہ میں جملہ تحریروں کے حوالے مصنف وار مرتب کیے گئے ہیں اس حصے میں مصنف کی شائع شدہ تمام تحریرات (مضامین، ترجمے، تبصرے اور منظومات) کے حوالے یکجا ملیں گے۔ مصنف کے نام الفبائی ترتیب سے درج ہیں۔ ایک مصنف کی ایک سے زائد نگارشات کے حوالے زمانی ترتیب سے مرتب کئے گئے ہیں۔ موضوع وار اشاریہ میں موضوعات کے تحت عام تحریروں کے حوالے ہیں تاکہ کسی خاص موضوع سے دلچسپی رکھنے والے قاری کو سارے متعلقہ حوالے یکجا مل جائیں۔ موضوعات کی ترتیب الفبائی ہے اور ہر حصہ مصنف وار مرتب کیا گیا ہے۔ اشاریہ کتب و رسائل کی فہرست کو الفبائی ترتیب سے مرتب کیا گیا ہے۔ اشاریے کے ہر حصے میں مندرجہ ذیل معلومات فراہم کرنے کی کوشش کی گئی ہے۔

مصنف کا نام، مضمون کا نام، جلد نمبر، شمارہ نمبر، تاریخ اشاعت، صفحات کی تعداد سب چیزوں کا اندراج ہے۔ انگریزی شماروں کی وضاحتی فہرست علاحدہ تیار کی گئی ہے اور یہ ترتیب بھی انہی اصولوں کے مطابق ہے جن کا ذکر سطور بالا میں ہوا ہے۔ اس طرح رسا

لہ مجلہ "اقبال" کا اشاریہ ہر اعتبار سے تحقیقی نوعیت کے کام سر انجام دینے والوں کی رہنمائی کر سکتا ہے۔

۱۸۔ اشاریہ "نوائے وقت" (لاہور)

رسالہ "نوائے وقت" کی ابتداء ۲۳ مارچ ۱۹۴۰ء میں ہوئی۔ اس کے بانی مدیر جناب حمید نظامی نے لاہور سے اس کا پہلا پندرہ روزہ پرچہ شائع کیا۔ تحریک پاکستان میں نوائے وقت کے کردار سے کون واقف نہیں ہیں۔ یہی وہ اخبار ہے جس نے تحریک پاکستان کے دوران مسلمانانِ ہند کی بلعموم اور پنجاب کے مسلمانوں کی بلخصوص ذہنی آبیاری کی۔ نوائے وقت نے نہ صرف ہر سطح پر بلکہ ہر محاذ پر برصغیر کے مسلمانوں کے دشمنوں اور بدخواہوں کا تدبر و فراست سے مقابلہ کیا۔ ہندو اور انگریز کی مخالفت میں گھری ہوئی مسلم لیگ کو ایک ٹھوس اور قابل اعتماد، صحافتی، پلیٹ فارم مہیا کیا۔ آزادی اور اسلام مخالف دشمن عناصر کا ڈٹ کر مقابلہ کیا۔ رسالہ نوائے وقت کی مسلمانوں کی حمایت اور ان کی سرپرستی کے تئیں خدمات کو فراموش نہیں کیا جا سکتا۔

سرفراز حسین مرزا نے پاکستان سٹڈی سنٹر پنجاب یونیورسٹی سے دسمبر ۱۹۸۷ء کو اشاریہ نوائے وقت شائع کیا۔ انھوں نے اس اشاریہ کا موضوع "سیاسیات ہند اور مسلمانوں کی جدوجہد آزادی" رکھا۔ ۶۶۰ صفحات پھیلا یہ ذخیرہ انھوں نے رسالہ نوائے وقت کے دستیاب ریکارڈ ۱۹۴۴ء سے ۱۹۴۷ء کی فائلوں سے حاصل کیا۔ جس سے انھوں نے تحریک پاکستان کی ایک طویل دستاویزی روئیداد مرتب کی۔ اشاریہ نوائے وقت کو سرفراز حسین صاحب نے دس ابواب میں منقسم کیا ہے جیسے آل انڈیا مسلم لیگ و صوبجاتی مسلم لیگیں، سیاسیات ہند اور مسلم لیگ، ہندو کانگریس اور دیگر سیاسی جماعتیں، مرکزی و صوبائی اسمبلیوں کی کاروائی، شخصیات، فرقہ وارانہ

فسادات، اقلیتیں، سیاسیات کشمیر اور باب دہم مضامین پر مشتمل ہیں۔ آخر میں ضمیمہ اور انڈکس ہے۔

دس ابواب میں منقسم اس کتاب کے بارے میں سب سے پہلے تو یہ کہنا قابلِ ذکر ہو گا کہ وطن عزیز میں شائع ہونے والی یہ اپنی نوعیت کی پہلی حوالہ جاتی کتاب ہے جو تحقیق کے سنگلاخ میدان میں سرگرداں افراد کے لیے خاص طور پر دلچسپی اور کشش کا باعث ہو سکتی ہے۔ نیز یہ کتاب ان دانشوروں اور محققین کے لیے، جو تحریک پاکستان کے مختلف موضوعات پر تحقیق کر رہے ہیں یا کرنا چاہتے ہیں، ایک اہم بنیادی ماخذ ثابت ہو گی۔ نوائے وقت کی خبروں کے ذخیرے کو علٰحیدہ علٰحیدہ سرخیوں کے ساتھ مختلف حصوں میں اس طرح تقسیم کیا گیا ہے کہ ہر قاری اپنی پسند کے عنوان کے تحت دیئے گئے مندرجات کو بآسانی تلاش کر سکے کہ جن کی ترتیب مختلف موضوعات کے اعتبار سے تاریخ وار رکھی گئی ہے۔ باب ششم کی سرخیاں شخصیات کے حوالے سے ترتیب دی گئی ہے جن کو حروف تہجی کے اعتبار سے رکھا گیا ہے۔ باب دہم میں مضامین کے عنوانات کو شامل کیا گیا ہے اور ساتھ میں ایڈیٹر کا نام، ماہ و سال اور صفحہ نمبر بھی درج کیا گیا ہے۔ اداریوں اور شذرات کو بہ لحاظ تاریخ وار ترتیب دیا گیا ہے جیسے ماہ و سال کے ساتھ عنوان اداریہ کا اندراج ہے۔ غرض اشاریہ نوائے وقت تحریک آزادی کے سلسلے میں اردو ادب کے ذخیرے کو مالامال کر گیا ہے۔

کتابیات

۱۔ اشاریہ نقوش؛ سید جمیل احمد رضوی؛ ادارۂ فروغ اردو، لاہور؛ جولائی ۱۹۸۷ء؛

۲۔ اشاریہ رسالہ آجکل ڈاکٹر جمیل اختر؛ اردو اکاڈمی، نئی دہلی؛ ۱۹۸۸ء؛ (جلد اوّل ۱۹۴۲ء تا ۱۹۸۸ء)

۳۔ اشاریہ ایوانِ اردو؛ فاروق انصاری؛ شاہین ایڈورٹائزرس، دہلی؛ فروری ۱۹۹۳ء

۴۔ رسالہ نگار کا وضاحتی اشاریہ ؛ ڈاکٹر عطا خورشید ؛ خدا بخش اورینٹل پبلک لائبریری، پٹنہ ۱۹۹۴ء

۵۔ ماہنامہ معارف کا اشاریہ؛ ڈاکٹر عابد رضا بیدار اور شائستہ خان؛ ناشر خود مصنف؛ ۱۹۹۵ء

۶۔ اشاریہ خدا بخش جرنل (۱۔۱۰۰)؛ ادارہ؛ خدا بخش اورینٹل پبلک لائبریری، پٹنہ ؛۱۹۹۶ء

۷۔ اشاریہ سہ ماہی مجلہ اقبال اختر النساء بزمِ اقبال لاہور ۱۹۹۸ء

۸۔ ہفتہ وار سچ کا توضیحی اشاریہ ؛ عبد العلیم قدوائی ؛ خدا بخش اورینٹل پبلک لائبریری، پٹنہ ۲۰۰۲ء

۹۔ رسالہ معاصر کا توضیحی اشاریہ ؛ ڈاکٹر محمد نور اسلام ؛ خدا بخش اورینٹل پبلک لائبریری، پٹنہ ۲۰۰۲ء

۱۰۔ ہفتہ وار صدق کا توضیحی اشاریہ ؛ عبد العلیم قدوائی ؛ خدا بخش اورینٹل پبلک لائبریری، پٹنہ ؛۲۰۰۳ء

۱۱۔ تنقید کے نئے اُفق؛ ڈاکٹر جمیل اختر؛ کتابی دنیا، نئی دہلی؛ ۲۰۰۷ء؛

۱۲۔ نگاہِ طائرانہ؛ مظہر امام؛ ایجوکیشنل پبلشن ہاؤس، دہلی؛ ۲۰۰۷ء

۱۳۔ اشاریہ ماہنامہ نیا دور؛ ڈاکٹر اطہر مسعود خاں؛ رضا لائبریری، رام پور؛ ۲۰۰۹ء

۱۴۔ اشاریہ خدا بخش جرنل (۱۰۱۔۱۵۰) ؛ ادارہ ؛ خدا بخش اورینٹل پبلک لائبریری، پٹنہ ؛۲۰۰۹ء

۱۵۔ اشاریہ ماہنامہ تحریک مطیع اللہ خاں؛ موڈرن پبلشنگ ہاؤس، دہلی؛ ۲۰۱۱ء

۱۶۔ اشاریہ معارف ؛ڈاکٹر جمشید احمد ندوی ؛ دارالمصنفین، شبلی اکیڈمی، اعظم گڑھ ؛ ۲۰۱۲ء

۱۷۔ اشاریہ رسالہ جامعہ ؛ شہاب الدین انصاری ؛ ذاکر حسین انسٹی ٹیوٹ آف اسلامک اسٹڈیز، نئی دہلی ۲۰۱۲ء

۱۸۔ رسالہ شاہراہ کا تجزیاتی مطالعہ اور اشاریہ ؛ نوشاد منظر ؛ ایجوکیشنل پبلشنگ ہاؤس، دہلی ۲۰۱۴ء

رسائل

۱۹۔ اسلامیات کے چند اہم اردو رسائل وجرائد کے اشاریے ڈاکٹر محمد الیاس اعظمی سہ ماہی تحقیقاتِ اسلامی، علی گڑھ، یوپی جلد ۲۵، شمارہ ۴، دسمبر ۲۰۰۶ء، ص ۴۰۔۴۵

۲۰۔ سہ ماہی فکر و نظر (علی گڑھ) کا اشاریہ ؛ڈاکٹر ضیاء الدین انصاری ؛ خدا بخش اورینٹل پبلک لائبریری، پٹنہ ؛ شمارہ نمبر ۸۰، سال ۱۹۹۲ء، ص ۲۹۵۔۳۴۴؛

Index of certain important Urdu literary magazines and journals. -Essay: Ghulam Nabi Kumar

***

۹

بچوں کے اردو رسائل و اخبارات:
ایک اجمالی جائزہ

شاہد زبیری

زبان کوئی بھی ہو، اس کا تعلق دنیا کے کسی بھی خطے اور علاقے سے ہو، ادب کے حوالے سے ہر زبان کی گود میں بچوں کے لئے قصے کہانیوں کی ایک دنیا آباد ہے اور اس دنیامیں شاعری کا بھی ایک خزانہ موجود ہے جو کتابی شکل میں بھی ہے، اخبارات ورسائل کی صورت میں بھی اور کامکس وغیرہ ے روپ میں بھی۔ اگر ہم رسائل اور اخبارات کی بات کریں تو اردو کا دامن اس سے خالی نہیں ہے۔ ہر چند کے بچوں کے لئے لکھنے والے اردو میں نایاب نہیں، کمیاب ضرور ہوتے جارہے ہیں، جو بچوں کے لئے مسلسل لکھتے رہے ہیں، ان میں سے زیادہ تر کو اللہ میاں نے اپنے پاس بلالیا ہے۔ کسی نے صحیح کہا ہے کہ بچوں کے لئے لکھنا کوئی بچوں کا کھیل نہیں ہے لیکن پھر بھی لوگوں نے اس مشکل کھیل کو کھیلا اور خوب کھیلا جس کی پذیرائی بھی ایک زمانے میں خوب ہوئی مگر بچوں کی حصہ داری اردو ادب میں کم ہورہی ہے، اس کا دائرہ دن بدن سمٹتا سکڑتا جارہا ہے، جو ادارے یا افراد خاص بچوں کے لئے رسائل اور میگزینس نکال رہے ہیں، ان کو پاپڑ بیلنے پڑ رہے ہیں اور جو

بچوں کے لئے لکھ رہے ہیں ان کو شکایت ہے کہ پڑھنے والے کم ہو رہے ہیں۔ ہمارے دیکھتے دیکھتے یا تو بچوں کے کئی رسالے بند ہو گئے یا ان کی اشاعت بتدریج کم ہو رہی ہے۔ ابھی کل کی بات ہے کہ یونس دہلوی کا کھلونا، بچوں کا دل بہلاتا تھا۔ وہ بے رحم وقت کے ہاتھوں ٹوٹ گیا۔ اس کی بڑی وجہ اردو زبان کی زبوں حالی ہے۔ ہماری پوری ایک نسل اردو کے حوالے سے گونگی ہوتی جا رہی ہے۔

شمالی ہند تو اردو کی حالت کسی سے پوشیدہ نہیں ہے۔ یہ سب کچھ یوں ہی نہیں ہو گیا۔ غیروں سے زیادہ اردو کا دم بھرنے والوں کے ہاتھوں ہی اردو بے دم ہو رہی ہے۔ اس بات سے کوئی اتفاق کرے یا نہ کرے، زمینی حقیقت یہی ہے۔ ہم دیکھتے ہیں کہ شہر در شہر مشاعروں کی دھوم ہے اور سمینار بھی ہوتے رہتے ہیں لیکن ان میں کتنے سمینار ایسے ہیں جن میں بچوں کے ادب، شاعری اور صحافت پر گفتگو ہوتی ہو؟ یہی نہیں، ہم اپنے بچوں کے لئے اردو کی تعلیم کا کتنا بندوبست کرتے ہیں، ان کو اردو کی تعلیم ملے، اس کی ہم کو کتنی فکر ہے، یہ آپ اور ہم بخوبی جانتے ہیں۔ کہنے کو تو ہندوستان کے دل دلی میں چلڈرنس بک ٹرسٹ ہے۔ یہ ٹرسٹ تیس سے زیادہ زبانوں میں بچوں کے لئے کتابی شائع کرتا ہے۔ یہ نہیں معلوم کہ اس ٹرسٹ سے اردو میں کتنی کتابیں شائع ہوئی ہیں۔ اردو میں بچوں کی صحافت کی اگر بات کریں تو مولوی محبوب عالم نے ۲ مئی ۱۸۹۹ء کو اپنا مشہور روزنامہ اخبار پیسہ لاہور کا ایڈیشن بند کرنے کے بعد بچوں کا اخبار کے نام سے اردو ان کار نکالا اور صحافت میں بچوں کو جگہ دی تھی۔ یہ تحقیق طلب ہے کہ اس سے پہلے بھی اردو صحافت میں بچوں کے ادب کو جگہ ملتی تھی کہ نہیں۔ ۲۰۱۳ء میں راقم الحروف پاکستان گیا تھا تو لاہور کے پاک ٹی ہاؤس میں جانا رہا۔ وہاں اردو کی کئی نامور شخصیات سے ملاقات کا شرف بھی حاصل ہوا۔ ایک صاحب ہی شبیر میواتی۔ یہ صاحب چلتی پھرتی لائبریری ہیں اور پاکستان کے علمی اور ادبی حلقوں میں عزت و احترام سے دیکھے جاتے ہیں۔ ایک صاحب

ڈاکٹر رفاقت علی شاہد ہیں جو پنجاب یونیورسٹی لاہور میں اردو کے پروفیسر ہیں اور پاکستان کے علمی ادبی مجلہ مباحث کے معاون مدیر ہیں۔ یہ مجلہ اردو کے ممتاز ادیب اور نقاد ڈاکٹر تحسین فراقی کی ادارت میں لاہور سے شائع ہوتا ہے۔ ان دو حضرات کے ذریعہ لاہور میں کئی علمی ادبی شخصیات تک رسائی حاصل ہوئی اور ہند و پاک میں اردو کے حوالے سے گفتگو رہی۔ بات بچوں کے ادب کی بھی آئی تو معلوم ہوا کہ بچوں کے حوالے سے پاکستان میں کافی کام کیا گیا ہے اور کیا جا رہا ہے۔ اسلام آباد میں الدعوہ اکیڈمی کے نام سے ایک اسلامی یونیورسٹی ہے جس میں بچوں کے ادب کا ایک پورا شعبہ قائم ہے اور ڈاکٹر محمد افتخار کھوکر اس کے نگراں ہیں۔

اس شعبے سے اردو صحافت میں بچوں کے لئے کافی تحقیقی کام ہوا ہے، خاص طور پر بچوں کی اسلامی تربیت اور ذہن سازی کے لئے نکالے گئے رسائل کے حوالے سے بچوں کے اخبارات اور رسائل کی ایک خاص لائبریری لاہور کے نزدیکی شہر گوجرانوالہ میں عبدالحمید کھوکر کے نام پر ہے، جس میں بر صغیر سے شائع ہونے والے بچوں کے رسائل اور اخبارات کا ایک بڑا ذخیرہ موجود ہے اور عبدالحمید کھوکر کے صاحبزادے ضیاء اللہ کھوکر نے اردو میں بچوں کی صحافت کے سو سال کے نام سے عبدالحمید کھوکر لائبریری میں موجود دو سو کے قریب رسائل اور اخبارات کی فہرست شائع کی ہے جن میں ہند و پاک کے ۱۹۰۲ء سے ۲۰۰۲ء تک کے رسائل اور اخبارات کے نام ایڈیٹر کا نام اور سنہ اشاعت دیا گیا ہے، خاص بات یہ ہے کہ ہندوستان کے ممتاز ادبی رسالے، شاعر ممبئی نے جون ۲۰۰۳ء میں بچوں کے ادب پر ایک خاص نمبر نکالا تھا، جس میں ضیاء اللہ کھوکر کا مضمون بطور خاص شامل تھا جس میں ہندوستان کے ۳۰ کے قریب بچوں کے رسائل اور اخبارات بھی شامل ہیں۔ جب بھی بچوں کے رسائل اور اخبارات کا ذکر کیا جاتا ہے یا اردو میں بچوں کی صحافت کی بات آتی ہے اس فہرست کا ذکر کیا جاتا ہے۔ اگر سنہ اشاعت کی

ترتیب سے دیکھیں تو منشی مولوی محبوب عالم کا بچوں کا اخبار لاہور ۱۹۰۲ء میں پہلا اخبار ہے جو ۱۹۱۲ء تک شائع ہوتا رہا۔

اس کے علاوہ بنت، نذر الباقر کا ، پھول ۱۹۰۹ء اکتوبر لاہور، مولوی فاضل محمد ، عبد الرب کوکب کا ماہنامہ ، اتالیق ’۱۹۱۷ء حیدرآباد دکن، عزیز بی اے کا ہفت روزہ ’غنچہ‘ بجنور ۱۹۲۲ء، حکیم احمد شجاع کا ہفت روزہ نونہال جولائی ۱۹۲۲ء، زیر سرپستی نوح ناروی ماہنامہ ’گلدستہ‘ ۱۹۲۲ء ماہنامہ ’متعلم‘ ۱۹۲۴ء، خلیق احمد خلیق صدیقی سہارنپوری کا ماہنامہ ’پیام تعلیم‘، نئی دہلی اپریل ۱۹۲۶ء، تاجور نجیب آبادی کا ہفت روزہ ’پریم‘ لاہور اپریل ۱۹۲۶ء، بدیع الزماں اعظمی کا ماہنامہ ’عزیز‘ گورکھپور ۱۹۳۰ء، کندن لال ایم اے کا ماہنامہ ’رتن‘ جموں، ۱۹۳۲ء، میاں عبدالحمید بھٹی کا ہفت روزہ ’ہونہار‘ لاہور جنوری ۱۹۳۶ء، معین الدین انصاری کا ماہنامہ ’سب رس‘ حیدرآباد جنوری ۱۹۳۸ء، اکرم بی اے کا ہفت روزہ ’ہدایت‘ لاہور ۱۹۳۸ء، یونس دہلوی ادریس دہلوی کا ’کھلونا‘ دہلی ۱۹۴۸ء، ڈاکٹر عبدالوحید کا ماہنامہ ’تعلیم وتربیت‘ مارچ ۱۹۴۱ء، ابوسلیم محمد عبدالحئی کا پندرہ روزہ ’نور‘ رامپور ۱۹۵۲ء، حفیظ الرحمن انصاری کا ماہنامہ ’اردو کومک‘ مالیگاؤں جنوری ۱۹۶۶ء، محمد فاروق دانش کا ماہنامہ ’بھائی جان‘ حیدرآباد ستمبر ۱۹۸۲ء، ان صاحب نے ایک اور ماہنامہ بچوں کا میگزین حیدرآباد بھی نکالا تھا جس کے مدیر اعزازی میں رفیق بھیا کا نام ہے۔ اردو اکادمی دہلی کا ماہنامہ ’امنگ‘ نئی دہلی ۱۹۸۷ء، تنویر احمد کا ”نرالی دنیا‘ نئی دہلی ۱۹۹۲ء، مولانا سراج الدین ندوی کا ماہنامہ ’اچھا ساتھی‘ بجنور نومبر ۱۹۹۳ء، نوشابہ کلیم کا ماہنامہ ”بچوں کی دنیا“ گیا بہار نومبر ۱۹۹۳ء، ایم اے کریمی کا ماہنامہ ’اطفال ادب‘ گیا بہور جنوری ۱۹۹۸ء، نعیم احمد آکاش کا ماہنامہ تعلیم نو حیدرآباد اپریل ۲۰۰۰ کا ذکر ضیاء الدین کھوکر کی فہرست میں شامل ہے۔ مولانا امداد صابری کی تاریخ صحافت اردو کی جلد سوم میں جہاں منشوی مولوی محبوب عالم کے بچوں کا اخبار کا ذکر ملتا ہے، جلد پنجم میں مرزا احمد اللہ بیگ کے ادیب

الاطفال حیدرآباد اگست ۱۹۱۱اور ماہنامہ 'ہمجولی' اگست کا ذکر بھی ہے۔ باقی جلدیں نہیں دیکھی ہیں، اس لئے نہیں معلوم ان میں بچوں کے اور کتنے رسائل کا ذکر انہوں نے کیا ہے۔ سعادت حسن منٹو نے بھی بچوں کا رسالہ 'زخمہ' امرتسر سے نکالا تھا۔ ۱۹۴۷ میں اس کا ہولی نمبر بھی نکلا تھا۔ اس کے راوی معروف قلمکار انور علی جامعی ایڈوکیٹ ہیں۔

حال فی الحال میں اردو کے جو روزنامے نکل رہے ہیں، خواہ وہ دہلی کے روزنامے ہوں یا ملک کی دوسری ریاستوں کے روزنامے ، ان سب روز ناموں میں ہفتہ واری ضمیموں میں بچوں کی شاعری، کہانیاں اور بچوں کی دلچسپی کی دوسری چیزیں کارٹون وغیرہ شائع کی جاتی ہیں۔ اردو کے نامساعد حالات میں بھی ایک خوش آئند بات یہ ہے کہ قصے کہانیوں اور شعر وشاعری سے آگے اب بچوں کے کامکس وغیرہ بھی سامنے آرہے ہیں۔

اردو میں بچوں کے لئے لکھنے والوں کی ایک کہکشاں ہے جن کے قلم سے بچوں کے لئے نثری ادب میں جہاں کہانیاں اور قصے بے شمار لکھے گئے، شعری ادب میں بھی مالا مال رہا۔ بچوں کے لئے موضوعاتی نظمیں لکھی گئیں۔ یہ سلسلہ کم وبیش آج بھی جاری ہے جس کے گواہ بچوں کے رسائل اور اخبارات کے علاوہ درسی اور غیر درسی کتابیں ہیں۔ بچوں کے لئے جنہوں نے لکھا، ان کی ایک طویل فہرست ہے۔ ان میں میر وغالب اور اقبال کے علاوہ الطاف حسین حالی اور نظیر اکبر آبادی، اسماعیل میرٹھی، منشی پریم چند، ڈاکٹر ذاکر حسین، کرشن چندر، سعادت حسن منٹو، اختر شیرانی، افسر میرٹھی، حامد اللہ افسر، اطہر پرویز، خواجہ مشتاق، شفیع الدین نیر، رام لعل، پریم پال اشک، سراج انور، اظہار اثر اور ضمیر درویش کے علاوہ خواتین میں صالحہ عابد حسین، عصمت چغتائی، جیلانی بانو، واجدہ تبسم، قدسیہ زیدی، مسرور جہاں، اس طویل فہرست کے مشہور و معروف نام ہیں، جن کے قلم سے رسائل واخبارات کے علاقہ کتابوں میں بچوں کے لیے نثری اور شعری ادب کی قندیلیں روشن نظر آتی ہیں۔ ہر چند کہ آج بچوں کے رسائل کی صورت حال تسلی بخش

نہیں ہے لیکن اردو کی بحیثیت زبان موجودہ صورت حال جیسی بھی ہو ہمیں اس میں بچوں کی ضرورتوں کا بھی خیال رکھنا چاہیئے، اور بچوں کے لئے لکھنے والے قلم کاروں کی حوصلہ افزائی اور عزت افزائی کرنی چاہیئے تاکہ نئے لکھنے والے بھی سامنے آئیں اور اس حوالے سے گاہے بہ گاہے سیمینار بھی ہوتے رہیں اور ہر سال یہ جائزہ لیا جاتا رہے کہ ایک سال میں موضوع کے لحاظ سے کتنا اور کیسا بچوں کے لئے لکھا گیا ہے۔ بچوں کے ادب پر تحقیقی کام کہاں اور کیسا ہو رہا ہے اور کس معیار کا ہے اور آج کے بدلتے حالات اور ڈیجیٹل ایج میں بچوں کی نفسیات کو ملحوظ رکھ کر دوسری زبانوں کے مقابلے کتنا ادب تخلیق ہو رہا ہے، اور اس کے امکانات کتنے روشن ہیں؟ لیکن یہ سب کام اسی وقت بہتر نتائج کا ضامن بن سکتا ہے جب اردو کی درس و تدریس کا معقول نظم ہو، اس کے بغیر زبانیں زندہ نہیں رہتیں۔ سنسکرت کی مثال ہمارے سامنے ہے جو اب کلاسیکل زبان تو ہے، عوام سے اس کا کوئی رشتہ باقی نہیں رہا۔ اردو سخت جان ہے، ابھی تو جھیل رہی ہے اور اپنی زندگی کا ثبوت دے رہی ہے لیکن اگر ایک دو نسلیں اردو کی درس و تدریس سے محروم رہیں تو اردو ہمارے ماحول میں بالکل اجنبی بن جائے گی اور جو حال فارسی زبان کا ہوا ہے، اردو کا بھی ہو جائے تو کوئی تعجب کی بات نہیں ہو گی۔

Children's Urdu Magazines and Newspapers - An Overview.
Essay: Shahid Zuberi

***